Helga Föger

Mein Mond-Kochbuch

Zeichenerklärung

 Neumond

 zunehmender Mond

 Vollmond

 abnehmender Mond

 Widder

 Stier

 Zwillinge

 Krebs

 Löwe

 Jungfrau

 Waage

 Skorpion

 Schütze

 Steinbock

 Wassermann

 Fische

Helga Föger

Mein Mond-Kochbuch

Köstliches kochen
nach Rezepten aus Österreich
und bekömmlicher essen
im Rhythmus des Mondes

Hauptgerichte 70

*Ob Huhn, Rind, Fisch, Schwein oder Lamm –
die abwechslungsreiche österreichische Küche hat
für jeden Anlass und vor allem für jeden
Geschmack etwas Besonderes zu bieten. Da schlägt
das Genießerherz höher! Aber auch bei den Beilagen –
oft schon eigenständige Gerichte – läuft einem das
Wasser im Mund zusammen.*

Nachspeisen 112

*Darf's noch etwas Süßes sein? Zu einem
richtigen österreichischen Menü gehört
auch ein leckerer Nachtisch!
Aus einfachen Zutaten, wie Quark,
Nüssen, Früchten und vor allem
Mohn, lassen sich Gaumenschmeichler
zaubern, die regelrecht auf der Zunge
zergehen und in aller Regel süchtig nach
mehr machen.*

Anhang

Kochen mit Spaß, Essen ohne Reue

Schon seit frühester Jugend ist Kochen ein Teil meines Lebens – was allerdings nicht bedeutet, dass mir ein besonderes Händchen für Grammelknödel & Co. bereits mit in die Wiege gelegt wurde. Meine erste Begegnung mit der »Kochkunst« bot vielmehr alle Voraussetzungen, zu einem Drama zu werden.

Ich erinnere mich noch daran, wie mir im zarten Mädchenalter eines Tages die Aufgabe zufiel, für die ganze Familie zu kochen. Meine Eltern waren als Landwirte mit ihrer Arbeit für Hof und Feld vollauf beschäftigt und wollten mir nun allmählich ein anderes Feld – die Küche – überlassen. Bei der Auswahl der Speisen hatte ich freie Hand; alles, was an Köstlichem in der Küche zu finden war, durfte verwendet werden. Das gefiel mir! Meiner Phantasie waren keine Grenzen gesetzt. Und eine grenzenlose Phantasie brauchte man auch, wollte man denn erraten, was ich hätte kochen wollen: Die Grießnockerln schwammen nicht etwa locker und leicht an der Suppenoberfläche, sondern waren schwermütig auf den Topfboden gesunken. Die Mohnnudeln klebten in der Pfanne, dass sich niemand mehr getraut hätte, sie abzukratzen, geschweige denn zu essen. Ich war den Tränen nahe. Da hatte ich meiner Mutter beim Kochen immer genau zugesehen – und nun das!

Üben, üben, üben

Doch noch an etwas anderes erinnere ich mich: an die Reaktion meiner Mutter. Sie kam in die Küche, sah die Bescherung – und lächelte. Ohne ein Wort beseitigte sie die Spuren der »Verwüstung« und fing gemeinsam mit mir noch einmal von vorne an. Das schenkte mir Vertrauen. Beim nächsten Mal sah ich meiner Mutter noch aufmerksamer zu, versuchte es immer wieder selbst, kochte und kochte, bis ich es konnte. Und da wusste ich: Kochen ist eigentlich ganz einfach, man muss nur üben – und darf vor allem keine Angst davor haben. Schließlich gelang mir das Kochen nicht nur, es machte mir auch richtig Spaß! Ich war mittlerweile im wahrsten Sinne des Wortes auf den Geschmack gekommen.

Sollten auch Sie zu den Menschen gehören, die nicht schon mit der Kochmütze auf die Welt gekommen sind, möchte Ihnen dieses Buch die Freude am Kochen vermitteln und vor allem Berührungsängste nehmen.

6

Mond und Magie

Seit Menschengedenken versuchen Alchimisten, den Stein der Weisen zu finden, mit dem man eine Materie in eine andere – vorzugsweise Gold – verwandeln kann. Und so ähnlich müssen Sie sich auch das Kochen vorstellen: Man verwandelt einzelne, einfache Zutaten zu einem appetitlichen Ganzen, das einem das Wasser im Munde zusammenlaufen lässt. Da wird Kochen schon zur richtigen Magie!

Und außerdem: Sie haben einen unendlich wertvollen Begleiter an der Hand, der Ihnen hilft, zum richtigen Zeitpunkt die richtigen Zutaten und Speisen auszuwählen, der dafür sorgt, dass Kochen für Sie nicht nur eine köstliche, sondern auch eine gesunde, ja vielleicht sogar eine spirituelle Erfahrung wird. Ich spreche vom Mond. Wenn Sie einige Kriterien – etwa Mondstand und Mondphasen – berücksichtigen, schaffen Sie gute Voraussetzungen, dass Ihr Körper die Nahrung, die Sie ihm anbieten, auch bestmöglich verträgt. Genaueres zu diesem wirklich interessanten Thema erfahren Sie deshalb auch gleich im ersten Kapitel.

Daraus eine Art »Speiseplan nach dem Mond« ableiten zu wollen, an den Sie sich sklavisch halten, ist allerdings unnötig, wäre sicher sogar falsch. Denn auch hier gilt: Lassen Sie Ihrer Phantasie freies Spiel und machen Sie Ihre eigenen Erfahrungen.

Eine kulinarische Reise

Und nicht zuletzt möchte ich Sie natürlich auch zu einer kulinarischen Reise in meine Heimat einladen. Lernen Sie nicht nur meine Lieblingsrezepte, sondern dabei auch Land und Leute kennen. Sie werden im Folgenden sowohl klassische als auch interessante neue Rezepte finden und ganz nebenbei manches Wissenswerte über deren Entstehung, über die typischen österreichischen Regionen und natürlich über den Mond erfahren. Denn Kochen und Essen macht Spaß – vor allem in Österreich, einem Land, das für seine vielfältige, reichhaltige Küche und seine Gastfreundschaft berühmt ist.

Ihre Helga Föger

Essen nach dem Mond

Ach! Könnten wir doch auf einen Stuhl steigen
und unser Ohr fest an den Mond pressen!
Was er uns nicht alles sagen würde!

Jules Renard

Sowohl die Menschen in Tirol, wo ich lange Zeit lebte, als auch die im Waldviertel, meiner jetzigen Heimat, sind noch sehr naturverbunden. So betrieben z. B. meine Tiroler Schwiegereltern ihre Landwirtschaft, wann immer es ging, auf der Basis ihres Wissens von den Einflüssen des Mondes. Ich konnte, die »Mondregeln« beachtend, sehr schnell ansehnliche Ergebnisse in meinem kleinen Kräutergarten erzielen. Und auch mein Dorfbäcker hier im Waldviertel hat mir, bevor er von meinem großen Interesse am Thema Mond überhaupt wusste, immer schon erzählt, dass an Tagen, wenn der Mond in einem Wasserzeichen steht, viel mehr Semmeln verkauft werden als sonst.

Einbildung? Glaubenssache? Aberglaube? Ich denke nicht! Meine Erfahrung hat mich gelehrt, dass der Appetit auf bestimmte Nahrungsmittel oder Gerichte an gewissen Tagen durchaus mit dem Mond zu tun hat. Und darin bin ich auch in vielen Gesprächen mit anderen sehr bestärkt worden.

Ernährung nach dem Mond – bekömmlich und gesund

Bei uns auf dem Land richten sich die Menschen beim Bestellen der Felder und anderen Aufgaben des täglichen Lebens schon seit Urzeiten nach dem Mond. Sie wissen, dass der Mond in seinen wechselnden Phasen und bei seinem Gang durch den Tierkreis beispielsweise auf das Wachstum der Pflanzen einwirkt oder den optimalen Zeitpunkt für Aussaat und Ernte bestimmt.

Doch wer genauer hinfühlt, wird auch feststellen, dass der Mond den Menschen selbst, unser körperliches Wohlbefinden beeinflusst. Und da immer mehr Menschen sich danach sehnen, bewusster und im Einklang mit der Natur zu leben, ist es durchaus sinnvoll, den Mond beim Erstellen des persönlichen Speiseplans zu berücksichtigen.

Falls Sie noch skeptisch sind: Achten Sie doch einmal darauf, wann Sie worauf Appetit haben. Ihnen steht der Sinn heute nach etwas besonders Salzigem? Dann steht der Mond möglicherweise in einem Erdzeichen (Stier, Jungfrau, Steinbock). Sie wundern sich, dass Sie eigentlich relativ konstant essen, sich das an manchen Tagen im Monat aber stärker auf der Waage niederschlägt als an anderen? Nun, auch das hängt mit dem Mond zusammen.

Selbstbeobachtung
Möchten Sie sich selbst etwas besser kennen lernen? Dann führen Sie doch Tagebuch darüber, wann Sie was essen und wie Ihr Körper reagiert. Nach einiger Zeit betrachten Sie Ihre Ergebnisse in Hinblick auf Mondphase und -stand zum Zeitpunkt Ihrer Notizen. Sie werden staunen!

Vollmond & Co. – Mondphasen und Ernährung

Der Mond wirkt über fünf Grundimpulse auf Mensch, Tier und Natur ein: über die Mondphasen (Neumond, zunehmender Mond, Vollmond und abnehmender Mond) und über den Mondstand (in welchem der zwölf Tierkreiszeichen er also gerade steht). Ganz klar gegeneinander abgrenzbar sind diese Wirkungen allerdings nicht: Während die einen schwächer werden, gewinnen die folgenden bereits an Einfluss. Und ist der Himmel einmal wolkenverhangen, sehen Sie in den Tabellen ab Seite 144 genau, in welcher Phase sich der Mond gerade befindet.

Neumond – am besten einmal Nulldiät

 Diese Empfehlung mag für ein Kochbuch ungewöhnlich sein, doch keine andere Phase eignet sich so sehr für eine Fastenpause wie der Neumond, der dann herrscht, wenn die der Erde zugewandte Seite des Mondes fast völlig verdunkelt ist.

Neumond ist eine ganz besondere Zeit, in der wir den Drang zur Neuorientierung verspüren und daher mehr als sonst geneigt sind, Neues in Angriff zu nehmen. In dieser Zeit haben wir auch die Kraft, uns von alten und schlechten Gewohnheiten zu verabschieden, etwa vom Rauchen oder von dem einen oder anderen Glaserl Wein zu viel.

Überhaupt eignet sich der Neumond ideal dazu, den Organismus wieder einmal so richtig zu entgiften und zu entschlacken – womit wir wieder beim Thema der Fastenpause wären. Wer es selbst ausprobiert hat, weiß, wie gut ein solcher Entlastungstag für Körper und Geist ist. Und einmal im Monat – am Neumondtag – einen Fastentag einzulegen dürfte auch dem größten Schlemmer nicht allzu schwer fallen.

Doch vergessen Sie nicht: Genauso wichtig wie der Verzicht aufs Essen ist es an diesen Tagen, viel zu trinken! Ich empfehle Ihnen vor allem Brennnesseltee – der entgiftet und reinigt das Blut.

Doch neben dieser für hartgesottene Genießer drastischen Maßnahme gibt es wie immer auch einen goldenen Mittelweg: den Obst- oder Safttag. Für das Wohlbefinden ist es auf jeden Fall sehr nützlich, sich in der Phase des Neumonds maßvoll zu ernähren, um die Ausscheidung schädlicher Stoffe möglichst wirksam zu unterstützen. So finden Sie in diesem Buch auch leichte Rezepte, die den Organismus nicht allzu sehr belasten.

Gut bei Neumond
- Fasten- oder Obst- bzw. Safttag zur Entschlackung einlegen
- Damit beginnen, schlechte Ernährungsgewohnheiten abzulegen

Zunehmender Mond – der Körper »bunkert«

 Eigentlich eine gute Eselsbrücke: Nimmt der Mond zu, tun Sie dies vermutlich auch. Denn in dieser Phase verwertet der Körper alles, was ihm an Aufbauendem und Stärkendem zugeführt wird, optimal. Dies trifft leider nicht nur auf Vitamine und andere gesunde Nährstoffe, sondern auch auf Fett und Kohlenhydrate zu – Vorsicht also mit Kaiserschmarrn und Mohnnudeln!

Bei zunehmendem Mond, wenn die Mondsichel nach links geöffnet ist, richtet sich alles auf Aufnahme und Wachstum aus. Wir sammeln Kraft – und manchmal eben auch unliebsame Pfunde. Deshalb sei in dieser Phase allen, die auf ihr Gewicht achten müssen, Zurückhaltung empfohlen. Es kann allerdings auch sein, dass der Zeiger der Waage nach oben klettert, obwohl Sie sich keiner Schuld bewusst sind; dies erklärt sich dadurch, dass der Körper bei zunehmendem Mond auch mehr Flüssigkeit speichert.

Apropos Flüssigkeit: Bedenken Sie, dass Genussmittel wie das erwähnte Glaserl Wein oder auch der Große Braune aus dem Kaffeehaus in dieser Mondphase besonders intensiv wirken. Wer also auf nächtlichen Schlaf angewiesen ist und den nächsten Morgen ohne lästige Nachwirkungen erleben will, sollte Maß halten. Sonst folgt dem Genuss unweigerlich die Reue.

Vollmond – die intensivste Zeit des Monats

 Den Einfluss dieser Mondphase wird wohl kaum jemand bestreiten können. Wenn der Mond die Hälfte seines Erdumlaufs zurückgelegt hat, der Sonne direkt gegenübersteht und voll beleuchtet ist, hat auch das gelassenste Gemüt mit intensiven Gefühlen und starken körperlichen Reaktionen zu kämpfen. Damit erreicht die Phase des zunehmenden Mondes gewissermaßen ihren Höhepunkt: Unsere – vor allem körperliche – Aufnahmefähigkeit ist am größten,

Nährstoffe werden optimal verarbeitet, das Immunsystem ist in Hochform. Geistig wirkt sich der Vollmond eher in Unkonzentriertheit und Nervosität aus. Was wiederum auch nicht verwundert, bedenkt man, dass sich in dieser Phase ein jäher Richtungswechsel von der Aufnahme zur Abgabe vollzieht. Schlägt sich zu üppiges Essen nicht ohnehin schon unangenehm nieder, reagieren sensible Menschen bei Vollmond oft mit nervösen Magenbeschwerden.

Deshalb gilt ähnlich wie beim Neumond, bei Vollmond besser auf das Essen zu verzichten und nur Wasser oder Kräutertee zu sich zu nehmen. Glücklicherweise, liebe Genießer, ist diese Mondphase ja relativ kurz. Und wer die Vollmondimpulse auf diese Weise oder wenigstens durch einen Obst- oder Safttag nutzt, wird nicht zuletzt mit einer massiven Entschlackung des Körpers belohnt. Wer nicht verzichten möchte, sollte vor 19 Uhr etwas essen – danach fällt dem Körper die Verdauung zunehmend schwerer.

Abnehmender Mond – Zeit des Loslassens

 Mit der Phase des abnehmenden Mondes schließt sich der Kreis: Der Mond vollendet seinen Erdumlauf und nähert sich unserem Planeten jetzt wieder. Seine nach rechts geöffnete Sichel wird von Nacht zu Nacht schmaler, bis schließlich wieder die Neumondphase erreicht ist.

Die Zeit des abnehmenden Mondes ist sicher die angenehmste für alle, die gerne kochen und die köstlichen Ergebnisse auch gerne selbst verspeisen. Denn die Impulse dieser Mondphase sind auf Abgabe und das Freisetzen von Energien gerichtet. Nun steht dem Körper das zur Verfügung, was er vorher gesammelt und gespeichert hat; der Stoffwechsel läuft geradezu auf Hochtouren. Und nun endlich dürfen Genießer ihrer Bestimmung nachgehen und auch einmal über die Stränge schlagen, ohne gleich mit Konsequenzen rech-

Gut bei abnehmendem Mond
- Diätmaßnahmen
- Aber auch kalorienreichere Kost setzt nun nicht so leicht an!

nen zu müssen – die ideale Zeit also, um gemeinsam mit Freunden in der Stuben zu sitzen und zu einem Zweigelt einen köstlichen Braten zu verzehren.

Doch wer weiß? Vielleicht stellen Sie fest, dass mit dem Mond auch Ihr Appetit abnimmt und Sie eine Fastenkur oder Diätmaßnahmen nun leichter durchhalten. Verlassen Sie sich ganz auf Ihr Gefühl!

Kraft der Elemente – Mondstand und Ernährung

In der Zeit, die der Mond braucht, um unseren Planeten einmal zu umrunden (etwa 28 Tage), durchläuft er den gesamten Tierkreis. In jedem der zwölf Zeichen, vom Widder bis zu den Fischen, hält er sich rund zwei bis drei Tage lang auf. Und ebenso wie die Mondphasen hat auch der Mondstand Einfluss auf Mensch, Tier und Natur, wobei die Impulse der einzelnen Tierkreiszeichen fließend ineinander übergehen.

Mondkalender
In den Tabellen ab Seite 144 ist die jeweilige Aufenthaltsdauer des Mondes in einem Tierkreiszeichen vermerkt.

Von welchem Mondstand wir sprechen, hängt nicht davon ab, in welchem Tierkreiszeichen der Mond zu Beginn des Tages steht, sondern davon, wo er sich den überwiegenden Teil des Tages aufhält. In den Übersichtstabellen ab Seite 144 sind neben den jeweiligen Mondphasen auch die Mondstände angegeben – ob es sich beispielsweise noch um einen Widder- oder schon um einen Stiertag handelt – sowie der Zeitpunkt, zu dem der Mond in das nächste Tierkreiszeichen wechselt. Je länger von einem Tierkreiszeichen Impulse ausgehen, desto stärker sind sie.

Urelemente und Tierkreiszeichen

Die Erfahrungen, die die Menschen im engen Zusammenleben mit der Natur über Jahrhunderte hinweg hinsichtlich der Mondphasen sammelten, konnten sie durch Beobachtungen des Mondstandes noch ergänzen. Dabei schälten sich auch Gemeinsamkeiten heraus. So können die zwölf Tierkreiszeichen in vier Gruppen eingeteilt und jede dieser Gruppen wiederum einem Urelement zugeordnet werden. Die Urelemente – Feuer, Erde, Luft und Wasser – sah man einst als Grundbestandteile des Universums an; über sie wirken die Sternzeichen astrologisch. Die vier Elementegruppen bezeichnet man auch als Trigonen.

Dem *Element Feuer* werden die Tierkreiszeichen Widder, Löwe und Schütze zugeordnet.

Zum *Element Erde* gehören die Tierkreiszeichen Stier, Jungfrau und Steinbock.

Das *Element Luft* bestimmt die Tierkreiszeichen Zwillinge, Waage und Wassermann.

Dem *Element Wasser* werden die Tierkreiszeichen Krebs, Skorpion und Fische zugerechnet.

Andere Bedeutung
Diese vier Urelemente sollten nicht mit den fünf chinesischen Elementen (Holz, Feuer, Metall, Wasser und Erde) verwechselt werden!

Nährstoffe und Tierkreiszeichen

Es ist schon lange kein Geheimnis mehr, dass Ernährung und Gesundheit unmittelbar zusammenhängen. Die Folgen schlechter oder zu einseitiger Ernährung – allen voran Übergewicht und Herz-Kreislauf-Erkrankungen – bekommen wir leider immer mehr zu spüren. Zu wenig bekannt ist dagegen, dass der Mond bei seiner Durchwanderung des Tierkreises auch einen wesentlichen Einfluss auf die Qualität der Ernährung ausübt.

Vielleicht können Sie, wie eingangs erwähnt, auch an sich selbst beobachten, dass Sie zu bestimmten Zeiten auf bestimmte Nährstoffe besonders reagieren. Sei es, dass Sie den Speckknödel an manchen Tagen einfach »wegstecken«, Ihr Magen an anderen Tagen daran aber ewig »herumlaboriert« oder dass Ihnen die Kipferl manches Mal einfach nicht schmecken wollen. Sehen Sie einmal in den Mondkalender: Wahrscheinlich werden Sie feststellen, dass der Speckknödel deshalb so renitent ist, weil der Mond gerade in keinem Luftzeichen steht und Fett deshalb weniger verträglich ist. Umgekehrt kann man aber auch häufig beobachten, dass gewisse Nährstoffe an bestimmten Tagen besonders gut bekömmlich sind.

Es empfiehlt sich also, auf solche Zusammenhänge zu achten und selbst Erfahrungen zu sammeln. So kann man nicht nur Ernährungsfehler vermeiden, sondern auch verhindern, dass gewisse Nährstoffe, zu einem bestimmten Zeitpunkt gegessen, wegen allzu guter Verwertung dick machen oder sogar zu ernsthaften Erkrankungen führen.

Prüfen Sie Ihre Ernährungsgewohnheiten unter diesem Aspekt und hören Sie auf die Signale Ihres Körpers. So können Sie Appetit, Geschmack und Bekömmlichkeit auf angenehme Weise miteinander verbinden.

Fruchtpflanzen und Eiweiß an Feuertagen

Feuertrigone und Fruchtpflanzen

Hält sich der Mond in einem Feuerzeichen (Widder, Löwe, Schütze) auf, beeinflusst er nicht nur das Wachstum von Fruchtpflanzen, sondern fördert auch die Bekömmlichkeit von Fruchtgemüse und vor allem von rotem Obst.

Ebenfalls gut verträglich an Feuertagen sind Hülsenfrüchte, Getreide, scharfe Gewürze, Fisch und mageres Fleisch.

Feuertrigone und Eiweiß

Da die Feuerzeichen die Eiweißqualität bestimmen, wirken sich eiweißhaltige Nahrungsmittel an Widder-, Löwe- und Schützetagen in der Regel besonders günstig auf unseren Organismus aus. Sie fördern den Zellaufbau und stärken sowohl physische Kraft als auch geistige Energien. Und noch ein Vorteil: Eiweiß macht im Gegensatz zu Fett relativ schnell satt!

Was Sie über Eiweiß wissen sollten

Eiweiße – oder Proteine – benötigt der Körper u.a. zum Aufbau von Zellen, Enzymen und Hormonen; sie sind für den Menschen deshalb unverzichtbar. Zudem kann unser Körper Eiweiß nicht selbst herstellen, ist also auf Proteine aus der Nahrung angewiesen, die im Darm in Aminosäuren zerlegt werden, aus denen der Organismus wiederum körpereigenes Eiweiß aufbaut. Durch die Nahrung aufgenommene Proteine haben für den Menschen aber eine ganz unterschiedliche Qualität, weil einige den körpereigenen Eiweißstrukturen mehr entsprechen, andere weniger. Aus Eiweißqualität und -gehalt eines Nahrungsmittels kann man dessen effektiven Eiweißgehalt ermitteln. Der sieht bei den folgenden Nahrungsmitteln z. B. so aus (in Gramm pro 100 Gramm des Nahrungsmittels):

Sojamehl (37,3), Sojabohnen (33), Harzer Käse (25,5), mageres Rindfleisch (19,5), Schweinefilet (19), Fisch (16), gekochtes Hühnerei (12,4), grüne Erbsen (4,6), Milch (3,3).

Eine Eiweißunterversorgung führt zu Stoffwechselstörungen und Muskelschwund, eine Überdosierung hingegen belastet Nieren und Leber. Wieder einmal empfiehlt sich also der goldene Mittelweg der Ausgewogenheit. Das gilt auch für das Verhältnis von pflanzlichem zu tierischem Eiweiß, da Fleisch neben Proteinen auch viel Fett und Purine enthält. Ebenso ist eine rein vegetarische Ernährung problematisch, da auch sie zu Mangelerscheinungen führen kann. Am besten setzen Sie auf

Achtung
Bedenken Sie, dass eine einseitige Ernährung die positive Wirkung bestimmter Nahrungsmittel abschwächen und möglicherweise sogar aufheben kann. Gerade ein Überangebot an Eiweißen kann zu Verdauungsstörungen führen, die den Organismus eher schwächen. Vor allem zu viel tierisches Eiweiß kann die Nierenfunktion beeinträchtigen. Darüber hinaus leiden viele Menschen auch an einer Eiweißallergie, reagieren also überempfindlich auf körperfremde Eiweiße.

17

die Kombination von Gemüse und Fleisch, wobei der Hauptakzent auf dem Gemüse liegen sollte.

Beachten Sie bei der schonenden Zubereitung von Eiweiß immer die folgenden Grundsätze:

- Rohkost besitzt mehr Eiweiß als gekochtes Gemüse.
- Beim Gemüsekochen sollte die Garzeit reduziert werden. Bissfestes ist bedeutend wertvoller als Zerkochtes.
- Ein kurz gebratenes Stück Fleisch verliert nicht so viel Eiweiß wie ein Braten.
- Fisch sollte gegrillt oder gebraten werden und Kochfisch ersetzen. Fisch aus Konserven enthält verschwindend wenig Proteine.

Wurzelpflanzen und Salz an Erdtagen

Erdtrigone und Wurzelpflanzen

Steht der Mond in einem Erdzeichen (Stier, Jungfrau, Steinbock), beeinflusst er das Wachstum von Wurzelpflanzen und wirkt sich positiv auf die Bekömmlichkeit von Wurzelgemüse aus. Darüber hinaus sind auch Pilze und alles Salzige an Erdtagen gut verträglich.

Erdtrigone und Salz

Achtung
Wenn Sie sich aus gesundheitlichen Gründen, z.B. wegen Bluthochdrucks, salzarm ernähren müssen, sollten Sie an Erdtagen besonders vorsichtig sein, denn auch geringere Mengen haben jetzt eine große – in diesem Fall negative – Wirkung.

Möglicherweise haben Sie schon einmal festgestellt, dass Sie an Erdtagen verstärkt Appetit auf Salziges haben, denn Stier, Jungfrau und Steinbock beeinflussen die Salzqualität. Geben Sie diesem Verlangen ruhig nach – Salz braucht der Körper für die Bluternährung, und an diesen Tagen ist die Wirkung auf den Organismus besonders günstig.

Was Sie über Salz wissen sollten

Wenn wir von Salz sprechen, meinen wir eigentlich Kochsalz, das aus Chlorid und vor allem Natrium besteht. Und eine Faustregel lautet: Je salziger etwas schmeckt, desto mehr Natrium enthält es. Natrium reguliert im menschlichen Organismus u.a. die Säure-Basen-

Balance und den Wasserhaushalt; zusammen mit Kalium transportiert es wichtige Nährstoffe in alle Körperzellen. Ist zu wenig Natrium vorhanden, können Muskeln und Nerven nicht mehr reibungslos funktionieren. Doch normalerweise nehmen wir durch die tägliche Nahrung genug Natrium auf – meist sogar mehr als genug. Auch das kann problematisch sein, da Natrium den Blutdruck erhöht.

Ist das empfindliche Natrium-Kalium-Gleichgewicht gestört, behindert dies die Zellversorgung: Nervosität, Müdigkeit, Verdauungsstörungen und Herzprobleme können die Folgen sein.

Wer z. B. Fisch in Salzkruste isst, weiß, dass er viel Natrium zu sich nimmt. Tückischerweise gibt es jedoch zahlreiche Lebensmittel, die »verstecktes« Salz enthalten, beispielsweise Käse. Besonders natriumreich (in Milligramm pro 100 Gramm des Nahrungsmittels) sind außerdem:

Brühe als Instantpulver (20.000), Brühwürfel (19.000), Maggiwürze (6.240), Sojasauce (6.000), gesalzene Sardellen (5.170), gekochtes Rippchen (3.000), Matjesfilet (2.850), Mettwurst (2.480), geräucherter Lachs (1.880), Roquefort (1.810), Rauchfleisch (1.800), Salzstangen (1.790), Schinkenwurst (1.625), Schafkäse (1.300), Salami (1.260), Schmelzkäse (1.200), Leberwurst (1.180) und Camembert (970).

Blütenpflanzen und Fett an Lufttagen

Lufttrigone und Blütenpflanzen

So wie der Mond, wenn er ein Luftzeichen (Zwillinge, Waage, Wassermann) durchwandert, das Wachstum von Blütenpflanzen fördert, steigert er auch die Bekömmlichkeit von Artischocken und Brokkoli.

Außerdem werden an Lufttagen Avocados sowie Borretsch-, Holunder- und Lavendelblüten gut aufgenommen.

Lufttrigone und Fett

Nun kommen wir noch einmal zum Thema »Speckknödel«, denn die Luftzeichen Zwillinge, Waage und Wassermann unterstützen die Nahrungsfette bei ihrer Wirkung auf den Organismus. Oft bekommt uns Fettes und Öliges an diesen Tagen recht gut und beeinflusst z. B. die inneren Drüsen positiv. Wenn Sie es sich gesundheitlich leisten können, sollten Sie an diesen Tagen Ihrem Appetit auf Speckknödel also ruhig nachgeben und die oft reichhaltige österreichische Küche so richtig genießen.

Was Sie über Fett wissen sollten

Fette sind als wichtige Bausteine am Aufbau der Zellwände beteiligt. Sie sorgen zudem für die Elastizität der Organe und schützen diese somit vor mechanischen Belastungen. Fette isolieren den Körper bei zu viel Kälte oder Wärme und liefern als Kraftdepot doppelt so viel Energie wie Eiweiße oder Kohlenhydrate. Und sie tragen wesentlich zur Verwertung der Vitamine A, D, E und K bei. Fette sind also nicht nur Geschmacksträger, sondern für unsere Gesundheit schlicht unverzichtbar – vorausgesetzt, es sind die richtigen Fette! Bedenken Sie dabei Folgendes:

- Tierische Fette sind schon allein wegen ihrer Schadstoffbelastung durch Pestizide und Schwermetalle gesundheitlich problematisch.
- Gesättigte Fette aus Fleisch, Milchprodukten und gehärteten Ölen (z. B. gehärteter Margarine) sind minderwertig – verglichen mit den Fetten bestimmter Fische (z. B. Lachs oder Makrele) und verglichen mit den mehrfach ungesättigten Fettsäuren von Pflanzenölen (z. B. Distelöl).
- Süßgebäck (vom Nusskipferl bis zum Punschkrapfen) enthält nicht nur Einfachzucker, sondern auch viele versteckte minderwertige Fette.

Was also ist zu tun? Gesättigte Fette sollten maximal zehn Prozent der täglichen Energiezufuhr ausmachen. Sie sollten grundsätzlich mehr Fisch als Fleisch essen

Achtung
Gerade beim Thema »Fett« muss man genauer unterscheiden: Tierische Fette (bis auf bestimmte Fischfette) haben – zu Recht – einen schlechten Ruf, weil sie in Massen statt in Maßen genossen den Cholesterinspiegel erhöhen und damit Herz-Kreislauf-Erkrankungen verursachen können. Pflanzliche Fette, z. B. Olivenöl, können – ebenfalls zu Recht – einen weit besseren Leumund vorweisen. Generell gilt, dass Sie Fettes gerade an den Lufttagen meiden sollten, wenn es Ihnen grundsätzlich nicht bekommt oder Sie es aus gesundheitlichen Gründen reduzieren müssen. Sie gehen damit einer besonders ungünstigen Wirkung aus dem Weg.

und dieses nach Möglichkeit nur ein- oder zweimal pro Woche auf den Tisch bringen. Ersetzen Sie tierische oder gehärtete Fette durch Pflanzenöle, und verzichten Sie hin und wieder auf die Kipferl.

Doch sind Pflanzenöle völlig unbedenklich? Leider nein; auch wenn ihre mehrfach ungesättigten Fettsäuren Hauterkrankungen, anderen Organveränderungen und Störungen im Wasserhaushalt vorbeugen, steigert ein Zuviel an Pflanzenölen ebenfalls das Infarktrisiko. Nur Olivenöl, das relativ wenig ungesättigte Fettsäuren enthält, senkt auch beim Konsum großer Mengen das Infarktrisiko.

Zu den Nahrungsmitteln mit einem hohen Anteil an mehrfach ungesättigten Fettsäuren (in Gramm pro 100 Gramm des Nahrungsmittels) gehören:

Distelöl (75), Leinöl (72), Walnussöl (71), Sojaöl (61), Sonnenblumenöl (60,7), Diätmargarine (47), Sesamöl (42,5), Walnüsse (41,5), Pinienkerne (41), Sonnenblumenkerne (28), Rapsöl (27,7), Margarine (25,5), Kartoffelchips (20), Erdnussbutter (18,5), gesalzene Erdnüsse (16,5).

Blattpflanzen und Kohlenhydrate an Wassertagen

Wassertrigone und Blattpflanzen

Hält sich der Mond in einem Wasserzeichen (Krebs, Skorpion, Fische) auf, beeinflusst er das Wachstum von Blattpflanzen und trägt zur Bekömmlichkeit von Blattgemüsen und Salaten bei.

Zudem sind an Wassertagen auch alle Blattkräuter, z. B. Beinwell, Engelwurz, Melisse, Minze oder Petersilie, gut verträglich.

Wassertrigone und Kohlenhydrate

Die Wasserzeichen (Krebs, Skorpion, Fische) bedingen eine besondere Kohlenhydratqualität. Viele Menschen essen an diesen Tagen gerne Brot, Kuchen, Mehlspeisen und Süßigkeiten. Das muss nicht falsch sein, denn Koh-

Achtung
Wenn Sie unter
Stoffwechsel- oder
Gewichtsproblemen
leiden, sollten Sie
sich an Wassertagen
besser zurückhalten,
denn kohlenhydrat-
reiche Nahrungsmit-
tel setzen dann
besonders gut an.

lenhydrate gelten u. a. als »Nervennahrung« – der Körper braucht sie. Doch auch hier muss man genauer
unterscheiden.

Was Sie über Kohlenhydrate wissen sollten

Kohlenhydrate – oder Zucker – sind der wichtigste
»Treibstoff« des menschlichen Organismus. Sie verbrau-
chen bei der Oxidation sehr wenig Sauerstoff und sind
deshalb hinsichtlich der Energiegewinnung für den Körper noch wichtiger als Fette oder Eiweiße. Der Ruf der
Kohlenhydrate ist mittlerweile aber ziemlich angeschla-
gen – und das zu Unrecht, weil meist nicht klar unter-
schieden wird.

Klar dagegen ist: Zucker kann den Insulinhaushalt gehö-
rig durcheinanderbringen und deshalb zum maßgeb-
lichen Dickmacher werden. Doch das bezieht sich nur
auf die minderwertigen Kohlenhydrate mit ein oder
zwei Zuckermolekülen (z. B. in Pralinen oder getrockne-
ten Datteln). Weniger bekannt oder oft nicht bedacht
ist, dass hochwertige Mehrfachzucker, wie sie z. B. in
Vollkornnudeln oder Gemüse vorkommen, hochenerge-
tische Brennstoffe sind.

Minderwertige Kohlenhydrate – nein, danke!

- Sie fördern Diabetes mellitus, weil sie den Insulinhaushalt des Körpers zu sehr strapazieren.
- Sie sorgen für eine starke Übersäuerung in Magen
  und Darm, was Pilz- und Krebserkrankungen begüns-
  tigt.
- Sie rauben dem Körper unnötig Vitamine und Mineralien.
- Sie lassen den Blutzuckerspiegel viel zu schnell und
  stark ansteigen. Dadurch wird eine Unmenge an
  Insulin ausgeschüttet, was den Blutzuckerspiegel
  wiederum drastisch senkt. Die Folgen sind Müdigkeit
  – und erneuter Hunger.

Nahrungsmittel mit minderwertigen Kohlenhydraten (in
Gramm pro 100 Gramm des Nahrungsmittels) sind z. B.:

> *Honig (75), Pralinen (69), Nougat (64,5), Rosinen (64), weiße Schokolade (58,3), Marzipan (49), Milchschokolade (44,6), Lebkuchen (42).*

Vollwertige Kohlenhydrate – ja, bitte!

- Sie besitzen viele Vitamine, Mineralien und Spuren-elemente.
- Da sie aus mehreren Zuckermolekülen bestehen, werden sie im Körper langsamer abgebaut. Dadurch wiederum baut sich der Blutzuckerspiegel langsam und kontinuierlich auf. Auf diese Weise bleibt man länger satt.

Nahrungsmittel mit hochwertigen Kohlenhydraten (in Gramm pro 100 Gramm des Nahrungsmittels) sind z. B.:

> *Cornflakes (77,6), Salzstangen (74,5), Zwieback (72,5), Knäckebrot aus Weizen (66,5), Knäckebrot aus Roggen (64), Haferflocken (60,5), Vollkornnudeln (58), reife Erbsen (54), reife Linsen (50).*

Spezielle Nahrung für die Körperregionen

Durchläuft der Mond ein bestimmtes Tierkreiszeichen, sind die zugeordneten Körperregionen und Organsysteme einerseits besonders empfänglich für Entlastung, Pflege und Behandlung, andererseits aber auch besonders anfällig für Belastungen und Risiken.

Dies gilt auch für die Ernährung: Sie können das Organ bzw. den Körperbereich, dessen Tierkreiszeichen vom Mond gerade durchschritten wird, durch Gutes und Stärkendes besonders verwöhnen; alles aber, was für den betreffenden Körperbereich schlecht, schwächend und ungesund ist, wird sich jetzt besonders schädigend auswirken.

Kochen nach dem Mond

Wenn Sie um die Zusammenhänge zwischen Mondstand und Wirkung auf den menschlichen Körper wissen, wissen Sie auch, welche Organe an welchen Tagen beson-

Wichtig
Natürlich sollte man aus diesen Erkenntnissen nicht eine Art Speisekarte nach dem Mond ableiten. Aber achten Sie einmal unter diesen Aspekten auf die Signale Ihres Körpers!

ders sensibel reagieren. Das bedeutet einerseits eine besonders gute Aufnahmefähigkeit, andererseits aber auch ein erhöhtes Risiko. Sie können nun Ihre Ernährung entsprechend darauf einstellen.

Wenn Sie beispielsweise an einem Widdertag kochen möchten, spricht viel dafür, Paprikaschoten auf den Speiseplan zu setzen. Der Widder gehört zu den Feuerzeichen, Paprika zum Fruchtgemüse – und erfahrungsgemäß ist Fruchtgemüse an Feuertagen besonders bekömmlich. In aller Regel werden auch Eiweißstoffe an Feuertagen sehr gut verwertet – und Paprika kurbelt den Eiweißstoffwechsel mächtig an.

Ein weiteres gutes Argument für dieses Fruchtgemüse an einem Widdertag ist, dass der Mond über das Tierkreiszeichen Widder Einfluss auf den Kopfbereich nimmt, was für diesen gewisse Risiken erhöht, andererseits aber auch Vorbeuge- oder Pflegemaßnahmen effektiver macht. Und Paprika beugt erwiesenermaßen Migräne vor, verbessert Sehkraft sowie Konzentrationsfähigkeit und stärkt die Mundschleimhaut.

All das lässt darauf schließen, dass der Körper an den jeweiligen Tagen eben genau das optimal aufnimmt, was er im Moment braucht und was ihm daher auch besonders gut tut.

Tierkreiszeichen und Körperregionen

Widder

Dem Widder werden der Kopf (Gehirn), das Gesicht (Augen, Nase), der Oberkiefer und als Organsystem die Sinnesorgane zugeordnet.

Von den grundsätzlichen Nahrungsfavoriten (Fruchtgemüse, Hülsenfrüchte und rotes Obst) an Widdertagen sind ganz besonders zu empfehlen:

Buchweizen hilft bei Nasen- und Zahnfleischbluten.

Erbsen verbessern die Sehkraft und vitalisieren insgesamt, da sie den Eiweißstatus anheben.

Gurken verbessern die Eiweißverwertung und lindern Augenbeschwerden.

Mais steigert die Leistung des Gehirns, sorgt vor allem für mehr Konzentrationsfähigkeit.

Paprika beugt Migräne vor, verbessert Sehkraft und Konzentrationsfähigkeit, stärkt die Mundschleimhaut und aktiviert den Eiweißstoffwechsel.

Tomaten beleben das Gehirn, kräftigen die Mundschleimhaut und beugen Infektionen vor.

Außerdem empfehle ich an Widdertagen:
Eier, Chili, Frischkäse, Huhn, Joghurt, Kalbfleisch, Lammfleisch, Pfeffer, Tabasco, Vollmilch.

Stier

Der Stier wirkt auf den Unterkiefer, den Kehlkopf, den Hals (Mandeln, Schilddrüse), den Nacken, die Ohren und den Blutkreislauf.

Von den grundsätzlichen Nahrungsfavoriten (Wurzelgemüse und Pilze) an Stiertagen sind ganz besonders zu empfehlen:

Karotten unterstützen das Immunsystem und kräftigen die Mundschleimhaut.

Kartoffeln tragen zur Stärkung des Kreislaufs bei.

Knoblauch verbessert die Durchblutung, senkt den Blutdruck und beugt Arteriosklerose vor.

Radieschen desinfizieren die Mundschleimhaut.

Rote Beten stimulieren die Produktion von roten Blutkörperchen.

Zwiebeln desinfizieren den Mund- sowie Rachenraum und beugen somit Infekten vor. Außerdem regen sie die Blutbildung an, beugen Arteriosklerose vor, helfen bei Durchblutungsstörungen und senken den Blutdruck.

Außerdem empfehle ich an Stiertagen:
Muskat, Rosmarin, Rindfleisch, Schnittlauch, Schwarzwurzel, Senf, Thymian.

Zwillinge

Die Zwillinge beeinflussen sowohl die Bronchien und die Schulterpartie als auch die Arme und die Hände sowie das Organsystem der inneren Drüsen.

Von den grundsätzlichen Nahrungsfavoriten (Blütenpflanzen und Avocados) an Zwillingetagen sind ganz besonders zu empfehlen:

Avocados bestehen zu 10 bis 15 Prozent aus sehr hochwertigen Fettsäuren.

Artischocken wirken effektiv gegen Gewebsschwellungen.

Brokkoli unterstützt die Muskelarbeit.

Löffelkraut hilft bei Gicht und rheumatischen Erkrankungen.

Außerdem empfehle ich an Zwillingetagen:
Gans, Lauch, Muskatnuss, Nudeln, Pinienkerne, Safran, Schweinefleisch, Senf, Walnüsse.

Krebs

Der Krebs übt seine Wirkung auf die Brust, die Lunge, den Magen sowie auf Leber, Galle und Nervensystem aus.

Von den grundsätzlichen Nahrungsfavoriten (Blattgemüse, Salate und Blattkräuter) an Krebstagen sind ganz besonders zu empfehlen:

Feldsalat kräftigt die Magenschleimhaut und erhöht die Stressfähigkeit.

Fenchel wirkt schleimlösend bei Husten und hilft gegen Völlegefühl. Außerdem wirkt er beruhigend und sorgt für bessere Nerven.

Grünkohl stärkt die Magenschleimhaut.

Kohlrabi trägt dazu bei, Stress leichter zu meistern, und verbessert die Stimmung.

Spargel aktiviert den Kohlenhydratstoffwechsel, stabilisiert die Magenschleimhaut und stärkt die Nerven.

Spinat schützt die Magenschleimhaut, stimuliert ebenso den Kohlenhydratstoffwechsel und trägt zu einer besseren Stimmung bei.

Außerdem empfehle ich an Krebstagen:
Ahornsirup, Auberginen, Honig, Meeresfrüchte, Putenfleisch, Sauerampfer, Seefische, Sprossen.

Löwe

Der Löwe nimmt Einfluss auf das Herz, den Kreislauf, den Blutdruck, den Rückenbereich und das Organsystem der Sinnesorgane.

Von den grundsätzlichen Nahrungsfavoriten (Fruchtgemüse, Hülsenfrüchte und rotes Obst) an Löwetagen sind ganz besonders zu empfehlen:

Bohnen stimulieren die Eiweißsynthese in den Körperzellen und kräftigen Herz sowie Kreislauf.

Buchweizen fördert die Durchblutung und reguliert den Kreislauf.

Gurken verbessern die Eiweißverwertung.

Linsen vitalisieren durch einen hohen Anteil von essenziellen Aminosäuren, regulieren den Blutzuckerspiegel und tragen zur Blutbildung bei.

Tomaten helfen gegen chronische Müdigkeit, tragen aber auch zu gesundem Schlaf bei und kräftigen das Herz.

Zucchini sorgen für einen höheren Eiweißstatus und steigern dadurch die Leistungsfähigkeit. Außerdem stärken sie das Herz.

Außerdem empfehle ich an Löwetagen:
Garnelen, Geflügel, Grünkern, Ingwer, Orangen, Parmesan, Quark, Wild.

Jungfrau

Der Jungfrau ordnet man den Stoffwechsel, die Verdauung, die Bauchspeicheldrüse, die Milz, die Nerven und den Blutkreislauf zu.

Von den grundsätzlichen Nahrungsfavoriten (Wurzelgemüse und Pilze) an Jungfrautagen sind ganz besonders zu empfehlen:

Karotten helfen beim Aufbau der Darmschleimhaut.

Kartoffeln regulieren die Verdauung und stimulieren den Stoffwechsel.

Knoblauch verbessert die Durchblutung, senkt den Blutdruck und beugt Arteriosklerose vor. Außerdem tötet er Darmpilze und hilft bei Verstopfung sowie Blähungen.

Lauch fördert die Durchblutung, reinigt den Darm von Pilzen und hilft bei Blähungen sowie Durchfall oder Verstopfung.

Rettich und **Radieschen** desinfizieren die Darmschleimhaut und töten Darmpilze.

Rote Beten entgiften den Darm, helfen bei Verstopfung und stimulieren die Produktion von roten Blutkörperchen.

Außerdem empfehle ich an Jungfrautagen:
Bataten, Champignons, Estragon, Geflügel, Salzheringe, Thymian, Trockenfrüchte.

Waage

Die Wirkung der Waage zielt gleichermaßen auf die Hüftregion wie auf die ableitenden Organe, also Nieren und Blase, sowie das Organsystem der inneren Drüsen.

Von den grundsätzlichen Nahrungsfavoriten (Blütenpflanzen und Avocados) an Waagetagen sind ganz besonders zu empfehlen:

Avocados bestehen zu 10 bis 15 Prozent aus sehr hochwertigen Fettsäuren.

Artischocken wirken entwässernd.

Kapern unterstützen die Nierentätigkeit.

Oliven schützen vor allem alle Drüsen, die Hormone produzieren.

Außerdem empfehle ich an Waagetagen:
Ente, Esskastanien, Haselnüsse, Pistazien, Rindfleisch, Sonnenblumenkerne, Wachtelfleisch.

Skorpion

Dem Skorpion werden die inneren und äußeren Sexual-
organe sowie zusätzlich die ableitenden Harnwege und
das Nervensystem zugeordnet.

Von den grundsätzlichen Nahrungsfavoriten (Blattgemüse, Salate und Blattkräuter) an Skorpiontagen sind
ganz besonders zu empfehlen:

Blumenkohl trägt zur Entwässerung bei und hilft bei Bla-
senproblemen.

Chicorée reguliert den Wasserhaushalt und unterstützt
die Gewichtsabnahme.

Kohlrabi hilft dabei, Stress besser zu meistern, und hellt
die Stimmung auf.

Mangold verbessert das Nervenkostüm und vertreibt
somit Nervosität.

Spargel aktiviert den Kohlenhydratstoffwechsel und
stärkt die Nerven.

Spinat stimuliert ebenso den Kohlenhydratstoffwechsel
und trägt zu einer besseren Stimmung bei.

Außerdem empfehle ich an Skorpiontagen:
Äpfel, Buchweizen, Kalbfleisch, Kresse, Löwenzahn,
Meeresfische, Sprossen, Zucchini.

Schütze

Der Schütze beeinflusst die Oberschenkel, die Venen
und das Organsystem der Sinnesorgane.

Von den grundsätzlichen Nahrungsfavoriten (Fruchtgemüse, Hülsenfrüchte und rotes Obst) an Schützetagen
sind ganz besonders zu empfehlen:

Bohnen stimulieren die Eiweißsynthese in den Körperzellen.

Buchweizen kräftigt das Bindegewebe und hilft bei
Venenleiden, Besenreisern und Krampfadern.

Erbsen vitalisieren, da sie den Eiweißstatus anheben.
Außerdem fördern sie das Zellwachstum, tragen zum
Muskelaufbau bei und stärken das Bindegewebe.

Linsen tragen durch einen hohen Anteil von essenziellen Aminosäuren zur Vitalität bei und verjüngen das Bindegewebe.

Paprika aktiviert den Eiweißstoffwechsel, stärkt das Bindegewebe und hilft bei Venenleiden sowie Krampfadern.

Zucchini sorgen für einen höheren Eiweißstatus und steigern dadurch die Leistungsfähigkeit der Muskeln.

Außerdem empfehle ich an Schützetagen:
Auberginen, Birnen, Curry, Karpfen, Mandeln, Muskat, Quark, Sprossen, Wild.

Steinbock

Der Steinbock bestimmt neben den Knien und anderen Gelenken auch noch die Haut, den Knochenbau (Skelett) und den Blutkreislauf.

Von den grundsätzlichen Nahrungsfavoriten (Wurzelgemüse und Pilze) an Steinbocktagen sind ganz besonders zu empfehlen:

Karotten sorgen für schöne Haut und lassen Haare sowie Nägel gesund wachsen.

Kartoffeln sind wichtig für den Aufbau von Knochensubstanz und tragen zur Stärkung des Kreislaufs bei.

Knoblauch verbessert die Durchblutung, senkt den Blutdruck und beugt Arteriosklerose vor.

Radieschen liefern wichtige Nährstoffe für die Blutbildung.

Rote Beten festigen die Haut, kräftigen die Knochen und tragen zur Schönheit von Nägeln und Haaren bei. Außerdem stimulieren sie die Produktion von roten Blutkörperchen.

Sellerie liefert wichtige Nährstoffe für eine gesunde Haut.

Außerdem empfehle ich an Steinbocktagen:
Erdnüsse, Hackfleisch, Kapern, Kohlrüben, Kresse, Lachs, Meerrettich, Rindfleisch, Steckrüben.

Wassermann

Der Wassermann nimmt Einfluss auf die Unterschenkel, die Venen und die Knöchel sowie auf das Organsystem der inneren Drüsen.

Von den grundsätzlichen Nahrungsfavoriten (Blütenpflanzen und Avocados) an Wassermanntagen sind ganz besonders zu empfehlen:

Avocados bestehen zu 10 bis 15 Prozent aus sehr hochwertigen Fettsäuren.

Artischocken wirken effektiv gegen Gewebsschwellungen.

Brokkoli stärkt die Muskelarbeit.

Oliven schützen vor allem alle Drüsen, die Hormone produzieren.

Außerdem empfehle ich an Wassermanntagen:
Aal, Ahornsirup, Ente, Kochschinken, Kokosmilch, Lachs, Mandeln.

Fische

Den Fischen schließlich werden Füße, Zehen und Nervensystem zugeordnet.

Von den grundsätzlichen Nahrungsfavoriten (Blattgemüse, Salate und Blattkräuter) an Fischetagen sind ganz besonders zu empfehlen:

Feldsalat fördert die Stressfähigkeit.

Fenchel wirkt beruhigend und sorgt für bessere Nerven.

Kohlrabi trägt dazu bei, Stress leichter zu meistern, und verbessert die Stimmung.

Mangold stärkt die Nerven und vertreibt Nervosität.

Spargel aktiviert den Kohlenhydratstoffwechsel.

Spinat stimuliert ebenso den Kohlenhydratstoffwechsel und trägt zu einer besseren Stimmung bei.

Außerdem empfehle ich an Fischetagen:
Algen, Austernpilze, Champignons, Fisch, Gemüsesäfte, Grüner Tee, Hirse, Thymian.

Organuhr und Essenszeiten

Am augenfälligsten wird der Einfluss des Mondes auf die Natur beim Rhythmus der Gezeiten, dem Wechsel von Ebbe und Flut. Ähnlich wirkt sich der Mond im Laufe von 24 Stunden auch auf unsere Organe, auf den Wechsel von Aktivität und Erholung aus. Berücksichtigt man diese sogenannte Organuhr und gestaltet den Alltag im Einklang mit den körperlichen Möglichkeiten, ist dies nicht nur der Gesundheit äußerst zuträglich; auch Leistungskraft und Erfolg können erheblich gesteigert werden.

Jedes Körperorgan (so auch jedes Verdauungsorgan) befindet sich für etwa zwei Stunden in einer Hochphase, d. h., in dieser Zeit arbeitet es besonders aktiv. Danach befindet es sich für wiederum zwei Stunden in einer Tiefphase, während der es sich gewissermaßen vom vorangegangenen »Einsatz« erholt. Davor und danach arbeitet es ganz normal. Wer den Tagesrhythmus der Verdauungsorgane betrachtet, wird auch verstehen, warum Frühstück und Mittagessen die wichtigsten Mahlzeiten des Tages sind, während das Abendessen eher klein ausfallen und spätestens um 19 Uhr abgeschlossen sein sollte. Die Organuhr bietet also eine wertvolle Orientierung, um vernünftige Essenszeiten zu wählen.

Frühmorgens von 5 bis 7 Uhr

Jetzt leistet der Dickdarm aktive Verdauungsarbeit. Daher ist diese Zeitspanne sehr günstig, um den Darm zu entleeren. Das geht übrigens viel leichter, wenn man – am besten noch im Bett – ein Glas zimmerwarmes Wasser in kleinen Schlucken trinkt.

Morgens von 7 bis 9 Uhr

Während dieser beiden Stunden arbeitet der Magen auf Hochtouren; er ist bereit für ein gutes, leicht verdauliches Frühstück.

Vormittags von 9 bis 11 Uhr

Jetzt ruht der Magen; ein zweites Frühstück wäre ungünstig. Auf Süßigkeiten sollte man in dieser Zeit auch

Viel trinken
In der Zeit von 15 bis 17 Uhr ist es gut, besonders viel Wasser, Tee oder Saft zu trinken.
Das unterstützt die Entgiftungsarbeit der Harnblase.

besser verzichten, weil die Bauchspeicheldrüse damit zusätzlich belastet und in ihrer Entgiftungsfunktion beeinträchtigt würde.

Mittags von 11 bis 13 Uhr

Nun hat vor allem das Herz seine Hochphase, Körper und Geist sind zu Höchstleistungen fähig. Aber jetzt ist auch die richtige Zeitspanne für das Mittagessen, das möglichst bis 13 Uhr eingenommen sein sollte.

Nachmittags von 13 bis 15 Uhr

Herz und Kreislauf sind nun in der Ruhephase; Müdigkeit und Leistungsabfall machen sich bemerkbar. Der Dünndarm beginnt mit der Verdauungsarbeit. Eine Ruhepause (auch was das Essen betrifft) wäre jetzt günstig.

Abends von 17 bis 19 Uhr

Die Nieren sind in ihrer aktiven Phase, und es ist gut, sie durch Trinken von Mineralwasser, Saft oder Früchte- bzw. Kräutertee zu unterstützen. Eine halbe Stunde vor dem Abendessen sollte man den Magen aber nicht mehr mit allzu reichlicher Flüssigkeitsaufnahme belasten – das behindert sonst den Verdauungsprozess. Die Zeit zwischen 18 und 19 Uhr ist die beste Phase für das Abendessen, das man optimalerweise bis spätestens 19 Uhr eingenommen hat. Danach braucht der Magen seine Ruhe, daher sollte man auch nicht mehr essen.

Viel ruhen
Ab etwa 21 Uhr gehen alle Organe dazu über, vermehrt Energie zu sammeln. Besonders ältere Menschen werden nun langsam müde. Gegen 23 Uhr ist dann Nachtruhe angesagt.

Hinweis *Neben jedem der nun folgenden Rezepte finden Sie Verweise auf Mondphase und Mondstand, für die ich das vorgestellte Gericht empfehle. Nehmen wir beispielsweise die Felchenfilets Bregenzer Art auf Seite 91: empfohlen für Erdtage (jetzt sind Pilze sehr bekömmlich), Wassertage (nun ist Fisch besonders nahrhaft) und für die Phase des abnehmenden Mondes, weil dieses Essen ja durchaus etwas üppiger ausfällt. Aber es handelt sich wohlgemerkt um Empfehlungen – Ihr persönlicher Gusto und Ihre Erfahrungen mit der Bekömmlichkeit sind ebenso wichtig!*

Suppen, Salate und kleine Gerichte

Weil der Schöpfer dem Menschen
die Verpflichtung auferlegte zu essen,
um zu leben, gab er ihm den Appetit
und belohnte ihn durch den Genuss.

Anthelme Brillat-Savarin

Wer hat schon immer die Muße, um das Nötige für ein richtiges Menü zu besorgen, danach alles sorgfältig vorzubereiten und zu kochen, um schließlich möglichst auch noch stundenlang zu genießen? Manchmal muss es einfach schnell gehen, möchte man nur etwas Leichtes essen oder kommt halt nur der kleine Hunger.
Für diese Situationen oder den Fall, dass Sie eine besondere Vorspeise brauchen, hat die österreichische Küche sehr viel, ja vor allem immer Köstliches zu bieten.
Probieren Sie doch mal eine Linsensuppe aus dem Waldviertel oder einen Feigen-Apfel-Salat mit Kastanien oder frisches Brot mit Erdäpfelkäse oder ...

Klachlsuppe

Zutaten für 2 Personen

2 Schweinshaxen
1 Bund Suppengemüse
½ l Fleischbrühe
4 Wacholderbeeren
einige frische Zweige Thymian

2 Gewürznelken
1 Lorbeerblatt
1 EL Weißweinessig
Salz
weißer Pfeffer, frisch gemahlen

Zubereitungszeit: 30 Minuten.
Garzeit: etwa 4 Stunden.

1. Die Schweinshaxen waschen und putzen. Das Suppengemüse ebenfalls putzen, waschen und grob zerkleinern.

2. Die Fleischbrühe in einen Topf geben, Schweinshaxen in die kalte Fleischbrühe geben. Die Wacholderbeeren zerdrücken, mit dem Thymian, den Gewürznelken, dem Lorbeerblatt und dem Essig zum Fleisch geben. Die Suppe bei schwacher Hitze etwa 4 Stunden kochen lassen. Zwischendurch immer wieder den Schaum abschöpfen.

3. Nach zwei Stunden Kochzeit das Suppengemüse hinzufügen, eventuell etwas Wasser oder Brühe nachfüllen.

4. Die Haxen aus der Brühe nehmen, abschrecken. Das Fleisch vom Knochen trennen und klein schneiden.

5. Die Brühe abseihen. Das Gemüse durchdrücken. Das Fleisch wieder in die Suppe geben, noch einmal kurz erhitzen.

Dazu passt
Ganz traditionell gehört zu dieser Suppe Heidensterz (Rezept Seite 78).

Klachl *Dieser Begriff ist schier unübersetzbar, und nach wie vor herrscht Uneinigkeit über die korrekte Bedeutung. In diesem Rezept werden Schweinshaxen alias Klachln zu einer kräftigen Suppe verkocht.*

Frittatensuppe

Zutaten für 2 Personen

25 g Mehl
4 EL Milch
1 kleines Ei
1 Prise Salz
1 EL Butter

¹/₂ l Fleischbrühe,
   selbst gekocht oder
   aus Würfeln
¹/₂ Bund Schnittlauch

Zubereitungszeit: 30 Minuten.

1. Das Mehl mit der Milch, dem Ei und dem Salz zu einem flüssigen Teig verquirlen. Eventuell noch etwas Milch hinzufügen.

2. In einer Pfanne die Hälfte der Butter erhitzen. Die Hälfte des Teigs in die Pfanne geben und so verteilen, dass er den Boden bedeckt. Bei schwacher Hitze auf beiden Seiten goldbraun backen. Den zweiten Pfannkuchen ebenso zubereiten.

3. Die Pfannkuchen auskühlen lassen, zusammenrollen, die Rollen halbieren und dann in dünne Streifen schneiden.

4. Die Fleischbrühe erhitzen. Den Schnittlauch waschen und in feine Röllchen schneiden.

5. Die Frittaten in zwei Suppenteller geben und die Fleischbrühe darübergießen. Mit dem Schnittlauch bestreut servieren.

Frittaten Dünne Pfannkuchen, in feine Streifen geschnitten, werden in Österreich Frittaten genannt.

Tomaten-Käse-Suppe

Zutaten für 2 Personen

1 Schalotte
1 kleine Knoblauchzehe
500 g Fleischtomaten
$\frac{1}{4}$ l Gemüsebrühe
wenige Tropfen Tabascosauce,
*   ersatzweise*
*   scharfes Paprikapulver*

2 EL Olivenöl
Saft von $\frac{1}{2}$ Zitrone
Salz
schwarzer Pfeffer,
*   frisch gemahlen*
50 g würziger Schimmelkäse

Zubereitungszeit: 40 Minuten.

1. Die Schalotte und die Knoblauchzehe schälen und sehr fein würfeln. Die Tomaten einritzen, kurz in kochendes Wasser legen, abschrecken und enthäuten. In Stücke schneiden, dabei die Stielansätze entfernen.

2. Das Öl in einem Topf erhitzen, die Schalotten- und Knoblauchwürfel darin glasig dünsten, dann die Tomaten hinzufügen. Die Gemüsebrühe angießen, mit dem Tabasco, dem Zitronensaft, Salz und Pfeffer würzen. Bei schwacher Hitze etwa 10 Minuten kochen lassen.

3. Den Käse in kleine Würfel schneiden und zuletzt in die Suppe rühren. Mit Salz und Pfeffer abschmecken.

Tipp   *Diese Suppe ist schnell gemacht und in größeren Mengen hervorragend geeignet, um Gäste gegen Mitternacht wieder neu zu beleben.*
Frisch aufgebackenes Fladenbrot schmeckt am besten dazu.

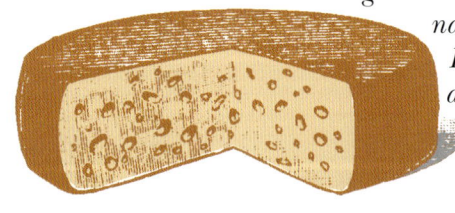

Linsensuppe aus dem Waldviertel

Zutaten für 2 Personen

¹/₂ l Fleischbrühe,
   selbst gekocht oder
   aus Würfeln
100 g Linsen
1 Zweig Thymian
1 Schalotte
25 g geräucherter Speck
¹/₂ EL Butter
1 Möhre

2 EL saure Sahne
¹/₂ EL Mehl
¹/₂ TL Senf
¹/₂ EL Rotweinessig
1 Prise Zucker
schwarzer Pfeffer,
   frisch gemahlen
1 EL Schnittlauchröllchen

Zubereitungszeit: 40 Minuten.

1. Die Fleischbrühe aufkochen, Linsen und den Thymianzweig dazugeben und etwa 30 Minuten kochen lassen – je nach Linsensorte.

2. Die Schalotte schälen und fein würfeln. Den Speck von der Schwarte befreien und ebenfalls fein würfeln. Die Butter in einer Pfanne erhitzen und die Schalotten- und Speckwürfel darin goldbraun braten.

3. Die Möhre schälen, würfeln und nach der Hälfte der Kochzeit zu den Linsen geben.

4. Die saure Sahne mit dem Mehl und dem Senf verrühren und kurz vor Ende der Garzeit in die Suppe rühren. Zuletzt mit Essig, etwas Zucker und Pfeffer abschmecken. Die Suppe, mit den Schnittlauchröllchen bestreut, heiß servieren.

Einfache Kost   *Dieses typische Waldviertler Gericht gilt von jeher als gute, sättigende »Arme-Leute-Küche«, in der Linsen eine wichtige Rolle spielen.*

Petersiliensuppe

Zutaten für 2 Personen

1–2 Petersilienwurzeln	1 EL Mehl
1 große Kartoffel	$^1/_2$ l Gemüsebrühe
1 Bund Petersilie	Salz
2 Schalotten	weißer Pfeffer, frisch gemahlen
2 EL Pflanzenöl	

Zubereitungszeit: 40 Minuten.

1. Die Petersilienwurzeln und die Kartoffel schälen, beides in Scheiben schneiden. Die Petersilie waschen und fein hacken. Die Schalotten schälen und fein würfeln.

2. Das Öl in einer Pfanne erhitzen, die Zwiebelwürfel darin goldbraun werden lassen. Das Mehl hinzufügen, gut mit den Zwiebeln verrühren und nach und nach die Brühe aufgießen. Wenn die Brühe kocht, die Gemüse dazugeben und in etwa 10 bis 15 Minuten garen, dann pürieren.

3. Die Suppe mit Salz und Pfeffer abschmecken, eventuell noch etwas frisch geriebene Muskatnuss hinzufügen. Mit der Petersilie bestreut servieren.

Petersilie und Merkur

Petersilie gehört zu den Blattkräutern, die optimalerweise bei zunehmendem Mond in einem Wasserzeichen gesät bzw. gepflanzt werden.

Aber auch gewisse Planeten üben ihren Einfluss auf das irdische Wachstum aus. Und eine alte Regel besagt: Wer Petersilie bei zunehmendem Mond an einem Wassertag, der auch noch ein Mittwoch ist, anbaut, bekommt herrlich aromatische und resistente Kräuter. Denn über den Mittwoch herrscht Merkur, dem u. a. die Petersilie zugeordnet ist. Ich habe es ausprobiert und tolle Resultate erzielt. Versuchen Sie es doch auch mal, wenn Sie einen Garten besitzen!

Krautsuppe aus dem Burgenland

Zutaten für 2 Personen

¼ Weißkohl
1 mittelgroße Zwiebel
½ EL Schmalz
1 TL Honig
½ Glas Weißwein
½ l Fleischbrühe
125 g geräucherter Schinken

½ EL Paprikapulver, edelsüß
4 Wacholderbeeren
1 Lorbeerblatt
125 g saure Sahne
Salz
weißer Pfeffer, frisch gemahlen

Zubereitungszeit: 45 Minuten.

1. Den Weißkohl putzen und in Streifen schneiden. Die Zwiebel schälen und würfeln.

2. Das Schmalz erhitzen, die Zwiebelwürfel zufügen, glasig werden lassen und den Honig unterrühren. Nun die Kohlstreifen darin kurz andünsten. Den Wein und die Fleischbrühe hinzufügen, aufkochen lassen.

3. Den Schinken in Stücke schneiden und mit den Gewürzen in die Suppe geben. Alles etwa 20 Minuten ziehen lassen. Zuletzt die saure Sahne unterziehen und die Suppe mit Salz und Pfeffer abschmecken. Vor dem Servieren die Wacholderkörner und das Lorbeerblatt entfernen.

Ungarische Prägung *Da das Burgenland einst Teil Ungarns war, sind noch heute die kulinarischen Einflüsse schmeckbar. Paprika, Weißkohl, Schmalz und viel saure Sahne gehören beispielsweise dazu.*

Möhrensuppe mit Estragon

Zutaten für 2 Personen

1 Schalotte	10 g Butter oder 1 EL Olivenöl
1 Knoblauchzehe	$\frac{1}{2}$ l Gemüsebrühe
1 kleine Stange Lauch	2 Zweige Estragon
300 g Möhren	2 EL Zitronensaft
$\frac{1}{2}$ Bund Estragon	Pfeffer und Salz

Zubereitungszeit: 30 Minuten.

1. Die Schalotte und die Knoblauchzehe schälen und fein würfeln. Den Lauch und die Möhren putzen, beides in feine Scheiben schneiden. Den Estragon fein hacken.

2. Das Fett in einem Topf erhitzen, Schalotten- und Knoblauchwürfel darin glasig dünsten und die Gemüsebrühe und das Gemüse hinzufügen. In etwa 10 Minuten bei schwacher Hitze garen.

3. Das Gemüse im Topf mit dem Pürierstab pürieren. Zuletzt mit dem Estragon und dem Zitronensaft würzen, mit Salz und Pfeffer abschmecken.

Tipp *Estragon ist sehr geschmacksintensiv, deshalb zurückhaltend damit würzen! Gut schmecken auch Anis, Ingwer oder Koriander statt Estragon in dieser Suppe.*

Biersuppe aus dem Salzburgischen

Zutaten für 2 Personen

1 kleine Zwiebel
2 Scheiben Graubrot
20 g Butter
¼ l dunkles Bier
¼ l Fleischbrühe
½ Stange Zimt

1 Prise Zucker
2 Gewürznelken
Salz
weißer Pfeffer, frisch gemahlen
1 Scheibe Toastbrot

Zubereitungszeit: 30 Minuten.

1. Die Zwiebel schälen und fein würfeln. Das Brot entrinden und in Würfel schneiden.

2. Die Hälfte der Butter in einem Topf erhitzen, die Zwiebel darin glasig dünsten, die Brotwürfel hinzufügen und anrösten. Das Bier und die Fleischbrühe dazugießen, die Zimtstange, den Zucker und die Gewürznelken dazugeben. Alles etwa 15 Minuten kochen lassen. Die Suppe dann passieren und mit Salz und Pfeffer abschmecken.

3. Das Toastbrot würfeln. Die restliche Butter in einer kleinen Pfanne erhitzen, die Toastbrotwürfel darin bräunen. Die Suppe auf Teller verteilen und mit den Brotwürfeln garnieren.

Tipp *Weiter verfeinert werden kann die Suppe mit etwas Zitronensaft und geriebener Muskatnuss.*

Geistliches Getränk

Bier gehört zu Salzburg wie der Erzbischof Leonhard von Keutschach zu den dortigen Leibspeisen. Der Bischof war einst oberster Braumeister Salzburgs. Deshalb erhielten seine Beamten gelegentlich als Teil ihres Gehalts ein sogenanntes Bierdeputat – also Bier anstatt Geld.

43

Erdäpfelsuppe mit Bärlauch

Zutaten für 2 Personen

100 g Champignons	*100 g Speck*
1 kleine Möhre	*15 g Butter*
300 g Kartoffeln	*½ l Fleisch- oder Gemüsebrühe*
1 Stück Sellerieknolle	*3 EL Sahne oder Crème fraîche*
1 Zwiebel	*Salz*
50 g Bärlauch	*weißer Pfeffer, frisch gemahlen*

Zubereitungszeit: 45 Minuten.

1. Die Champignons putzen und in Scheiben schneiden. Die Möhre, die Kartoffeln und das Stück Sellerie putzen, schälen und würfeln. Die Zwiebel schälen und fein hacken. Den Bärlauch waschen und in Streifen schneiden. Den Speck würfeln.

2. In einem Topf die Butter zerlassen, den Speck darin anbraten, die Zwiebelwürfel hinzufügen und glasig werden lassen. Die Pilze hinzufügen und dünsten. Die Brühe aufgießen, alle Gemüsewürfel hinzufügen und in etwa 10 Minuten garen.

3. Die Suppe im Topf pürieren, die Sahne oder die Crème fraîche unterrühren, mit Salz und Pfeffer abschmecken. Zuletzt den Bärlauch dazugeben. Die Suppe auf Teller verteilen und servieren.

Tipp   *Vegetarier kochen die Suppe einfach ohne Speck.*

Natürliche Medizin   *Bärlauch hat die gleichen Eigenschaften wie Knoblauch, enthält aber wesentlich mehr Eisen, Magnesium, Mangan und Schwefelverbindungen. Er eignet sich für Entschlackungskuren und soll blutdrucksenkend wirken.*

Steirische Mostschaumsuppe

Zutaten für 2 Personen

1 kleine Zwiebel	*80 g Sahne*
1 Knoblauchzehe	*80 g Crème fraîche*
2 EL Öl	*Salz*
¹⁄₄ l Most	*weißer Pfeffer, frisch gemahlen*
¹⁄₄ l Geflügelbrühe	

Zubereitungszeit: 30 Minuten.

1. Die Zwiebel und die Knoblauchzehe schälen und fein würfeln.
2. Das Öl in einem Topf erhitzen, die Zwiebel- und Knoblauchwürfel darin glasig dünsten. Den Most aufgießen, etwas einkochen lassen und die Geflügelbrühe hinzufügen. Nach etwa 15 Minuten die Sahne und die Crème fraîche einrühren und etwas einkochen lassen. Die Suppe mit Salz und Pfeffer abschmecken und heiß servieren.

Tipp *Frisch geröstete Brotcroutons schmecken gut dazu. Ein geschlagener Klacks Sahne als Garnierung macht sie noch appetitlicher.*

Prickelndes Brauchtum *Most ist vergorener Birnen- oder Apfelsaft und wird auch Obstwein genannt. Im Mostviertel, dem Land der Mostbirnen (Niederösterreich), wird dieses erfrischende Getränk zu 70 bis 90 Prozent aus Mostbirnen hergestellt. Im Herbst, so sagen die Einheimischen, »plaudert der Most in den Fässern«. In dieser Zeit gibt es viele interessante Veranstaltungen rund um den Most, und die Mostwirte verwöhnen ihre Gäste mit besonderen Gans- und Wildspezialitäten.*

Kürbiscremesuppe aus der Steiermark

Zutaten für 2 Personen

500–600 g Muskatkürbis   2 EL Sahne
1 Zwiebel   Salz
1 EL Butter   weißer Pfeffer, frisch gemahlen
$\frac{1}{2}$ l Fleischbrühe   1 EL Kürbiskernöl
30 g getrocknete Kürbiskerne

Zubereitungszeit: 40 Minuten.

1. Den Kürbis schälen, Kerne und faserige Teile entfernen. Das Kürbisfleisch in kleine Stücke schneiden.
2. Die Zwiebel schälen und fein hacken. In einem großen Topf die Butter erhitzen, die Zwiebel darin andünsten, die Kürbisstücke dazugeben. Die Fleischbrühe aufgießen, aufkochen lassen und bei mittlerer Hitze kochen, bis die Kürbisstücke weich sind.
3. Die Kürbiskerne in einer Pfanne ohne Fett rösten, bis sie zu duften beginnen.
4. Den Kürbis im Topf pürieren. Die Sahne einrühren. Die Suppe mit Salz und Pfeffer abschmecken. Auf zwei Teller verteilen und jede Portion mit etwas Kürbiskernöl beträufeln und mit den Kürbiskernen bestreuen.

Dazu passt Fladenbrot
oder Weißbrot.

Rucolasalat mit Nüssen

Zutaten für 2 Personen

1 Bund Rucola	*1 EL Zitronensaft*
1 kleiner Apfel	*2 TL Sojasauce*
1 kleine Zwiebel	*Salz*
1 Knoblauchzehe	*schwarzer Pfeffer, frisch gemahlen*
1 TL Honigsenf	*3–4 EL Sonnenblumenöl*
1 EL Rotweinessig	*50 g Nüsse nach Wahl*

Zubereitungszeit: 40 Minuten.

1. Den Rucola waschen, trockenschleudern und die groben Stiele entfernen.

   Den Apfel, die Zwiebel und die Knoblauchzehe schälen und alles fein würfeln.

2. Für die Salatsauce den Honigsenf mit dem Essig, dem Zitronensaft und der Sojasauce verquirlen, mit Salz und Pfeffer würzen. Dann das Öl unterschlagen.

3. Die Nüsse hacken, in einer Pfanne ohne Fett rösten, bis sie anfangen zu duften.

4. Die Salatzutaten in einer Schüssel mit der Sauce gut vermengen. Zuletzt die gerösteten Nüsse untermischen.

Tipp   *Sonnenblumen- und Kürbiskerne sind ebenso geeignet wie Pinienkerne, Walnüsse oder Haselnüsse.*

Gärtnerinnensalat

Zutaten für 2 Personen

1 halber Kopf Eissalat	*Salz*
1 kleine Gurke	*schwarzer Pfeffer,*
1 kleine gelbe Paprikaschote	*frisch gemahlen*
2 kleine Tomaten	*3 EL Kürbiskernöl*
1 Schalotte	*2 EL Kürbiskerne*
1 EL Aceto balsamico	*150 g Schafskäse*
1 TL Honigsenf	

Zubereitungszeit: 45 Minuten.

1. Den Salat waschen und trockenschleudern. Die Gurke schälen und in Scheiben schneiden. Die Paprikaschote halbieren, waschen, entkernen und in feine Streifen schneiden. Die Tomaten in Scheiben schneiden, dabei den Stielansatz entfernen. Die Zwiebel schälen und fein würfeln.

2. Den Essig mit dem Senf, Salz und Pfeffer verrühren und das Öl unterschlagen. Die Kürbiskerne in einer Pfanne ohne Fett rösten, bis sie zu duften anfangen. Den Schafskäse zerbröckeln.

3. Alle Salatzutaten in einer Schüssel mit der Marinade vermengen. Den Salat auf zwei Teller verteilen und zuletzt mit den Kürbiskernen und dem Schafskäse bestreuen.

Gurkensalat mit Dillsauce

Zutaten für 2 Personen

1 mittelgroße Salatgurke *2 EL Weißweinessig*
2 Schalotten *Salz*
1 Bund Dill *weißer Pfeffer, frisch gemahlen*
2–3 EL saure Sahne *3–4 EL Olivenöl*

Zubereitungszeit: 20 Minuten.

1. Die Gurke waschen, schälen und in Scheiben hobeln. In ein Sieb geben und abtropfen lassen, damit der Salat später nicht zu wässrig wird. Die Schalotten schälen und sehr fein würfeln. Den Dill waschen, trockenschütteln und hacken.

2. In einer Schüssel die saure Sahne mit dem Essig, Salz und Pfeffer verrühren. Dann das Öl in die Sauce rühren. Die Gurkenscheiben mit den Zwiebelwürfeln in die Schüssel geben, alles gut vermengen und den Salat kurz ziehen lassen.

Passt zu Fischgerichten, Braten, Schnitzel oder auch nur Brot.

Gutes Entschlackungsmittel   *Gurken haben von allen Gemüsen die wenigsten Kalorien. Sie enthalten zwar kaum Vitamine und Mineralstoffe, wirken aber wassertreibend und harnsäurelösend.*

Salat mit weißen Bohnen

Zutaten für 2 Personen

150 g weiße Bohnenkerne	1 EL Weißweinessig
Salz	weißer Pfeffer, frisch gemahlen
1 Schalotte	1 Prise Zucker
1 Knoblauchzehe	3 EL Sonnenblumenöl
10 g Butter	1 Bund Schnittlauch

Zubereitungszeit: 1 ½ Stunden + Einweichzeit über Nacht.

1. Die Bohnen waschen und in einem Topf mit Wasser bedeckt über Nacht einweichen. Am nächsten Tag in dem Einweichwasser in etwa 1 Stunde garen. Erst salzen, wenn die Bohnen gar sind.

2. Die Schalotte und die Knoblauchzehe schälen, beides fein hacken. Die Butter erhitzen und die Schalotte und den Knoblauch darin glasig dünsten.

3. Für die Marinade den Essig mit Salz, Pfeffer und dem Zucker vermischen, zuletzt das Öl unterrühren. Den Schnittlauch waschen und in feine Röllchen schneiden.

4. Die Bohnen abgießen, in einer Schüssel mit den gedünsteten Zwiebel- und Knoblauchwürfeln und der Marinade gut vermengen, etwas ziehen lassen. Dann auf Teller verteilen und mit den Schnittlauchröllchen bestreut servieren.

Tipp   *Schneller zubereitet ist der Salat mit vorgegarten, aber etwas weniger aromatischen Bohnen aus der Dose.*

Sattmacher   *Dieser Salat mit den eiweißhaltigen, vitamin- und mineralstoffreichen (Magnesium, Eisen, Kalium und Kalzium) weißen Bohnen ist vor allem sehr sättigend.*

Spinatsalat mit Walnussdressing

Zutaten für 2 Personen

200 g junger Spinat	*Salz*
1 rote Zwiebel	*weißer Pfeffer, frisch gemahlen*
30 g Walnusskerne	*1 TL Sojasauce*
1 kleine Apfelsine	*2 EL Apfelsinensaft*
1 EL Weißweinessig	*3 EL Walnussöl*

Zubereitungszeit: 40 Minuten.

1. Den Spinat gründlich waschen, harte Stiele entfernen. Die Zwiebel schälen und in sehr feine Scheiben schneiden. Die Walnusskerne hacken. Die Apfelsine schälen, die Spalten heraustrennen und den Saft auffangen.

2. Für die Marinade den Essig mit Salz, Pfeffer, der Sojasauce und dem Apfelsinensaft vermischen, das Öl zuletzt unterrühren.

3. Den Spinat mit den Zwiebelscheiben und den Orangenspalten mischen, die Marinade unterrühren. Auf Teller verteilen und den Salat mit den gehackten Walnüssen bestreuen.

Feigen-Apfel-Salat mit Kastanien

Zutaten für 2 Personen

250 Kastanien
1 kleine Zwiebel
1 kleine Möhre
¼ l Hühnerbrühe
125 g Feigen
1 großer roter Apfel

1 Knoblauchzehe
½ EL Zitronensaft
Salz
schwarzer Pfeffer, frisch gemahlen
3 EL Sonnenblumenöl

Zubereitungszeit: 45 Minuten.

1. Die Kastanien am flachen Ende einschneiden, auf ein Backblech legen und im Backofen bei 200 °C 15 Minuten garen, dann abkühlen lassen, schälen und halbieren.

2. Die Zwiebel und die Möhre schälen und fein würfeln. Die Hühnerbrühe erhitzen, die Zwiebel- und Möhrenwürfel sowie die Kastanien darin in etwa 5 bis 10 Minuten garen.

3. Die Feigen in Würfel schneiden, dabei die Stiele entfernen. Den Apfel schälen und in Stücke schneiden. Den Knoblauch schälen und in ganz feine Scheibchen schneiden. Alle Zutaten in einer Schüssel gut vermengen.

4. Den Zitronensaft mit Salz und Pfeffer verquirlen und das Öl unterrühren. Die Marinade über die Salatzutaten gießen, gründlich vermischen. Auf zwei Teller verteilt servieren.

Beliebt und vielseitig Vor allem in der Steiermark *und im Burgenland ist die Esskastanie zu finden. Die Kastanien, einstmals ein Volksnahrungsmittel, wurden u. a. getrocknet, vermahlen und wegen des hohen Stärkegehalts oft fürs Brotbacken verwendet.*

Feldsalat mit Speck und Champignons

Zutaten für 2 Personen

80 g Räucherspeck
100 g Feldsalat
125 g Champignons oder Egerlinge
5 EL Olivenöl
Salz
schwarzer Pfeffer, frisch gemahlen

1 Schuss Aceto balsamico
    oder Weißwein
1 TL Sojasauce
½ TL Honigsenf
1 EL Rotweinessig

Zubereitungszeit: 30 Minuten.

1. Vom Speck die Schwarte entfernen und den Speck in kleine Würfel schneiden. In einer Pfanne ausbraten.

2. Den Feldsalat gründlich waschen, die Wurzelenden entfernen und den Salat trockenschleudern. Die Pilze putzen, Stielenden kürzen und die Pilze halbieren oder vierteln.

3. 2 Esslöffel Öl in einer Pfanne sehr heiß werden lassen und die Pilze darin braten, salzen, pfeffern und mit dem Aceto balsamico oder dem Wein ablöschen.

4. Die Sojasauce mit dem Senf, dem Essig, etwas Salz und Pfeffer verrühren, das restliche Öl zugeben und alles verquirlen.

5. Den Feldsalat in eine Schüssel geben, mit den Pilzen und dem Bratensaft vermengen. Die Salatsauce und die Speckwürfel unterrühren und den Salat auf zwei Teller verteilen.

Dazu passt frisches Baguette.

Nervenfutter   In den Wurzeln und teilweise auch in den Blättern von Feldsalat ist Baldrianöl enthalten, das von der pharmazeutischen Industrie für nervenstärkende Heilmittel eingesetzt wird.

53

Erdäpfelsalat
mit Kürbiskernölmarinade

Zutaten für 2 Personen

500 g festkochende Kartoffeln	*Salz*
1 kleine Zwiebel	*weißer Pfeffer,*
½ Bund Schnittlauch	*frisch gemahlen*
1–2 EL Weißweinessig	*2–3 EL Kürbiskernöl*

Zubereitungszeit: 45 Minuten + Kühlzeit.

1. Die Kartoffeln in etwa 25 Minuten in Salzwasser garen, abkühlen lassen und pellen. Die Zwiebel schälen und würfeln. Den Schnittlauch waschen und in feine Röllchen schneiden.

2. Den Essig mit Salz und Pfeffer würzen, dann das Öl untermischen.
3. Die Kartoffeln in dünne Scheiben schneiden. Mit den Zwiebelwürfeln und dem Schnittlauch in einer Schüssel vermengen und zuletzt die Marinade unterrühren.

Passt zu Fisch, Bratwürstchen und Backhuhn.

Qualitätsgarantie *Die Steiermark ist berühmt für ihr ausgezeichnetes Kürbiskernöl. Die Marke »Steirisches Kürbiskernöl« ist geschützt und ein verlässliches Qualitätskriterium.*

Salat mit grünen Bohnen und Tomaten

Zutaten für 2 Personen

250 g junge grüne Bohnen
einige Zweige Bohnenkraut
150 g Cocktailtomaten
1 Knoblauchzehe
1 kleine Zwiebel

1 EL Zitronensaft
Salz
schwarzer Pfeffer,
 frisch gemahlen
3 EL Olivenöl

Zubereitungszeit: 30 Minuten.

1. Die grünen Bohnen waschen, Stiele entfernen und Fäden abziehen. Die Bohnen halbieren. In ungefähr 1 Liter Salzwasser mit dem Bohnenkraut in 10 bis 12 Minuten garen. Abgießen und abschrecken.

2. Die Tomaten waschen und halbieren. Die Knoblauchzehe und die Zwiebel schälen und fein würfeln.

3. Den Zitronensaft mit Salz und Pfeffer verrühren, zuletzt das Olivenöl untermengen.

4. Die Bohnen in einer Schüssel mit den Tomaten, Knoblauch- und Zwiebelwürfeln vermengen, die Vinaigrette unterrühren und den Salat servieren.

Passt zu Bratkartoffeln, Lammkoteletts.

Grüne Bohnen   Der in Österreich für diese Hülsenfrüchte verwendete Begriff ist »Fisolen«.

Salat mit Brunnenkresse

Zutaten für 2 Personen

200 g Brunnenkresse	*1 EL Zitronensaft*
2 Eier	*Salz*
1 Bund Petersilie	*weißer Pfeffer, frisch gemahlen*
½ EL saure Sahne	*100 g Kirschtomaten*
2 EL Olivenöl	

Zubereitungszeit: 35 Minuten.

1. Die Brunnenkresse gründlich waschen, die Blätter abzupfen. Die Eier in 10 Minuten hart kochen. Abschrecken. Die Petersilie waschen und hacken.

2. Für die Salatsauce die saure Sahne mit dem Olivenöl verrühren, mit Zitronensaft, Salz und Pfeffer abschmecken. Die Tomaten waschen und halbieren.

3. Die Eier pellen. Ein Ei gut zerdrücken und unter die Salatsauce mischen. Das andere Ei in Scheiben schneiden.

4. Die Brunnenkresseblätter, die Tomaten und die Eischeiben auf zwei Teller verteilen, mit der Petersilie bestreuen. Die Sauce darüberträufeln und den Salat servieren.

Tipp   *Die sehr mineral- und vitaminstoffhaltige Brunnenkresse sollte möglichst sofort zubereitet werden. Falls sie doch aufbewahrt werden muss, in kaltes Wasser legen!*

Tomatensalat mit Zwiebeln

Zutaten für 2 Personen

500 g Tomaten   *schwarzer Pfeffer,*
3 kleine milde Gemüsezwiebeln   *frisch gemahlen*
1 EL Weißweinessig   *3 EL Kürbiskernöl*
Salz   *2 TL Kapern*

Zubereitungszeit: 20 Minuten.

1. Die Tomaten waschen, in Scheiben schneiden, dabei die Stielansätze entfernen.
Die Zwiebeln schälen und am besten mit dem Gurkenhobel in feine Scheiben schneiden – diese etwas auseinanderziehen, damit sie in Ringe zerfallen.

2. Den Weißweinessig mit Salz und Pfeffer würzen, dann das Öl unterziehen.

3. Die Tomatenscheiben und die Zwiebelringe auf zwei Teller verteilen, die Kapern darüberstreuen. Die Sauce gleichmäßig über die Tomaten träufeln. Etwas ziehen lassen.

Burgenländische Paradeiser   *Im Burgenland gibt es einen Gemüsebauern, der sich auf den natürlichen Anbau von Tomaten (österreichisch: Paradeiser) spezialisiert hat. Runde, birnenförmige, rote, gelbe oder gestreifte wachsen auf seinen Feldern, und sie schmecken natürlich viel besser als Treibhaustomaten.*

Steirischer Rindfleischsalat

Zutaten für 2 Personen

1 Ei
200 g gegartes Rindfleisch
  ohne Fett
1 Bund Radieschen
1 kleine Zwiebel
1 kleine Gewürzgurke
½ EL Kapern

1 EL Weißweinessig
1 TL mittelscharfer Senf
Salz
schwarzer Pfeffer,
  frisch gemahlen
3 EL Kürbiskernöl
1 Bund Schnittlauch

Zubereitungszeit: 30 Minuten.

1. Das Ei in 10 Minuten hart kochen und abschrecken. Dann pellen und in Scheiben schneiden. Das Rindfleisch in feine Streifen schneiden. Die Radieschen putzen und in Scheiben schneiden. Die Zwiebel schälen und ebenfalls in dünne Scheiben schneiden. Auch die Gewürzgurke in feine Scheiben schneiden. Die Kapern hacken.

2. Den Essig mit dem Senf, etwas Salz und Pfeffer verrühren, das Öl unterschlagen. Den Schnittlauch waschen, trockenschütteln und in kleine Röllchen schneiden.

3. Alle Zutaten in einer Schüssel mit der Marinade gut vermischen. Vor dem Servieren etwas ziehen lassen.

Dazu passt dunkles Bauernbrot.

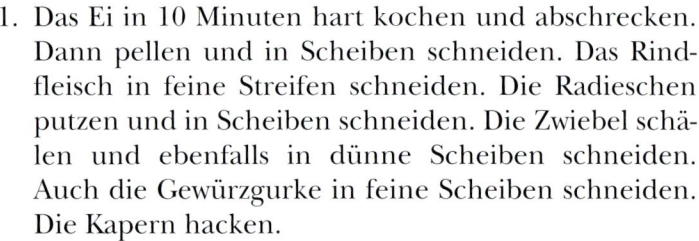

Gebackene Champignons

Zutaten für 2 Personen

150 g Champignons	*Salz*
oder Egerlinge	*weißer Pfeffer, frisch gemahlen*
1 Ei	*Kokosfett oder*
40 g Mehl	*Butterschmalz zum Ausbacken*
50 g Semmelbrösel	*1 Zitrone, unbehandelt*

Zubereitungszeit: 40 Minuten.

1. Die Pilze sorgfältig putzen, die Stiele kürzen oder herausdrehen. Größere Pilze halbieren.

2. Das Ei auf einem Teller verquirlen. Das Mehl und die Semmelbrösel ebenfalls auf Teller verteilen.

3. Die Pilze mit Salz und Pfeffer würzen, dann zunächst in dem Mehl wenden, dann in das verquirlte Ei tauchen und zuletzt in den Semmelbröseln wenden.

4. Das Fett in einem Topf stark erhitzen, die Pilze darin in etwa 5 Minuten goldgelb ausbacken. Herausnehmen und abtropfen lassen.

5. Die Zitrone vierteln und die Pilze mit den Zitronenvierteln anrichten.

Tipp *Eine Remouladensauce schmeckt besonders gut dazu.*

Glückliche Fügung *Vorspeisen waren früher in der österreichischen Küche eigentlich gar nicht vorgesehen, heute sind sie aber nicht mehr wegzudenken. Daher fehlen heute auf kaum einer Speisekarte diese gebackenen Pilze.*

Erdäpfelstrudel Auländer Art

Zutaten für 2 Personen

125 g Mehl
Salz
70 ml lauwarmes Wasser
1 EL Öl
etwas Öl zum Bestreichen
300 g mehlig kochende Kartoffeln
2 EL saure Sahne
1 Ei
1 kleine Zwiebel
75 g geräucherter Speck
weißer Pfeffer, frisch gemahlen
Muskatnuss, frisch gerieben
1 EL Butter

Butter zum Bestreichen

Zubereitungszeit: 45 Minuten.

1. Das Mehl mit ½ Teelöffel Salz vermischen und mit dem Wasser und dem Öl zu einem glatten Teig verrühren. Daraus eine Kugel formen, diese mit Öl bestreichen und unter einer Schüssel ruhen lassen.

2. Die Kartoffeln in Salzwasser in etwa 25 Minuten garen, pellen und durch die Kartoffelpresse drücken. Mit der sauren Sahne und dem Ei gut verrühren.

3. Die Zwiebel schälen und würfeln. Den Speck würfeln, in einer Pfanne auslassen und die Zwiebelwürfel darin hellbraun braten. Zu den Kartoffeln geben. Die Masse mit Salz, Pfeffer und Muskatnuss würzen und alles gut vermengen. Den Backofen auf 180 °C vorheizen. Die Butter zerlassen.

4. Den Teig auf einem bemehlten Küchentuch so dünn wie möglich ausrollen. Den Teig mit etwas Butter

bestreichen. Die Kartoffelmasse so auf dem Teig verteilen, dass Ränder frei bleiben. Den bedeckten Teig dann mit Hilfe des Tuchs einrollen, die Ränder festdrücken. Den Strudel mit etwas Butter einpinseln.

5. Ein Backblech einfetten oder mit Backpapier belegen und den Strudel darauflegen. Das Blech auf die mittlere Schiene des Backofens schieben und den Strudel in etwa 25 bis 30 Minuten goldbraun backen.

Tipp *Als Vorspeise schmeckt der Strudel besonders gut mit etwas Kräutersauce. Er wird in Österreich aber auch gerne als Beilage zu Fleisch oder Fisch gereicht.*

Das Auland *Dieses Rezept stammt aus den kulinarisch sehr interessanten Auregionen. Das Zentrum des Aulands befindet sich im Nationalpark Donauauen, der zwischen Wien und Bratislava liegt und immer eine Reise wert ist.*

Tiroler Gröstl

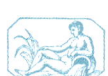

Zutaten für 2 Personen

400 g gegarte festkochende
   Kartoffeln,
   möglichst vom Vortag
150 g gegarter Rinder- oder
   Schweinebraten
50 g Räucherspeck

1 Schalotte
1 EL Butterschmalz
Salz
schwarzer Pfeffer,
   frisch gemahlen
einige Zweige Majoran

Zubereitungszeit: 40 Minuten.

1. Die Kartoffeln pellen und in Scheiben schneiden. Das Rindfleisch in Streifen und den Räucherspeck ohne Schwarte in Würfel schneiden. Die Schalotte schälen und würfeln.

2. In einer Pfanne die Hälfte vom Butterschmalz erhitzen, den Speck und die Zwiebel darin goldgelb braten. Herausnehmen und die restliche Hälfte des Fetts in der Pfanne erhitzen und die Kartoffeln darin unter Wenden knusprig braten. Salzen und pfeffern und die Blättchen vom Majoran dazugeben.

3. Die Speck-Zwiebel-Masse und das Fleisch unter die Kartoffeln heben. Alles 5 Minuten braten, dann servieren.

Dazu passt Feld- oder Tomatensalat.

Lange Tradition   Dieses ehemalige bäuerliche Reste-essen steht heute auf jeder Speisenkarte Österreichs und darf vor allem im Angebot der Skihütten und Almgast-häuser nicht fehlen.

Kürbisscheiben mit pikanter Kruste

Zutaten für 2 Personen

500 g Butternut-Kürbis
1 Knoblauchzehe
½ TL Koriandersamen
½ TL Oregano
einige Fenchelsamen
½ getrocknete Chilischote

1 EL Olivenöl
Salz
schwarzer Pfeffer,
   frisch gemahlen

Fett für das Backblech

Zubereitungszeit: 50 Minuten.

1. Den Kürbis schälen, halbieren und die Kerne herauslösen. Die Hälften vierteln und diese in schmale Spalten schneiden. Die Knoblauchzehe schälen und sehr fein würfeln.

2. Den Backofen auf 200 °C vorheizen. Die Gewürze in einem Mörser zerdrücken und in einer Schüssel mit dem Olivenöl vermengen. Salzen und pfeffern. Die Kürbisspalten in dieser Mischung wenden.

3. Ein Backblech einfetten und die Kürbisspalten nebeneinander darauflegen. Im Backofen auf der mittleren Schiene so lange backen, bis sie weich sind. Durch den Backvorgang ziehen die Gewürze in den Kürbis ein, die Haut wird leicht knusprig.

Passt zu Braten und Geflügel als Gemüsebeilage, ist aber auch als kleine Vorspeise geeignet.

Butternut-Kürbis   *Diese Kürbisart hat eine dünnere Schale und weniger Kerne als andere Kürbisse. Das Fruchtfleisch ist ein wenig cremig und schmeckt nussartig – für Feinschmecker hat es das beste Aroma.*

Fisolengulasch

Zutaten für 2 Personen

350 g grüne Bohnen (= Fisolen)
50 g Räucherspeck
1 Schalotte
1 kleine rote Paprikaschote
8 Cocktailtomaten

$^1/_2$ EL Sonnenblumenöl
1 EL Weißweinessig
Salz
etwas Gemüsebrühe
$^1/_2$ EL Mehl

Zubereitungszeit: 25 Minuten.

1. Die Bohnen putzen, waschen (eventuelle Fäden abziehen) und in mundgerechte Stücke schneiden. Den Speck von der Schwarte befreien und würfeln. Die Schalotte schälen und ebenfalls würfeln. Die Paprikaschote waschen, halbieren, die Kerne entfernen und das Fruchtfleisch in feine Streifen schneiden. Die Tomaten waschen, vierteln und entkernen.

2. Das Fett in einer Pfanne erhitzen, den Speck darin auslassen, die Zwiebel hinzugeben und hellbraun braten. Dann die Paprikastreifen, die Bohnen und den Essig hinzufügen. Salzen. Eventuell etwas Gemüsebrühe zugeben. Die Bohnen in etwa 10 Minuten garen.

3. Die Tomaten unterrühren. Das Gulasch mit dem Mehl bestäuben, unterrühren, alles noch einmal aufkochen lassen und servieren.

Passt zu Nudeln, Kartoffeln und Lammgerichten.

Tipp   *Diese kleine Vorspeise schmeckt auch kalt sehr gut.*

Überbackener Blumenkohl

Zutaten für 2 Personen

½ Blumenkohl (etwa 350 g)
Salz
etwas Butter zum Einfetten
1 EL Semmelbrösel
1 EL Butter
1 EL Mehl
⅛ l heiße Gemüsebrühe

1 Eigelb
70 g Sahne
1 EL Parmesan,
   frisch gerieben
Muskatnuss, frisch gerieben
weißer Pfeffer, frisch gemahlen
1 EL Semmelbrösel

Zubereitungszeit: 1 Stunde.

1. Den Blumenkohl putzen, gut waschen. Den groben Strunk entfernen. Den Kohl in seine Röschen teilen, die Enden kreuzweise einschneiden.

2. Die Blumenkohlröschen in einen Topf legen, mit Salz bestreuen und so viel Wasser angießen, dass sie davon bedeckt sind. Bei mittlerer Hitze in etwa 10 Minuten bissfest garen.

3. Eine Auflaufform mit etwas Butter ausfetten und mit den Semmelbröseln ausstreuen. Den Backofen auf 200 °C vorheizen.

4. Den Blumenkohl abgießen. Die Butter in einem Topf erhitzen, das Mehl einrühren und nach und nach die Gemüsebrühe dazugießen, dabei ständig rühren.

5. Das Eigelb mit der Sahne und dem Käse verrühren. Mit Muskatnuss und Pfeffer würzen.

6. Den Blumenkohl in die Auflaufform geben, die Käsesauce darübergießen und zuletzt mit den restlichen Semmelbröseln locker bestreuen. Den Auflauf auf der mittleren Schiene im Backofen in etwa 15 Minuten knusprig backen.

Dazu passt grüner Salat.

Altwiener Krautfleckerln

Zutaten für 2 Personen

300 g Weißkraut	50 ml Gemüsebrühe
1 TL Salz	weißer Pfeffer, frisch gemahlen
1 TL Kümmel	1 TL Paprikapulver, edelsüß
1 Schalotte	200 g Fleckerln
3 EL Sonnenblumenöl	50 g Räucherspeck
1 EL Zucker	

Zubereitungszeit: 1 Stunde.

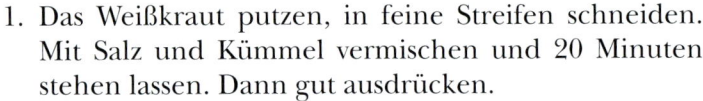

1. Das Weißkraut putzen, in feine Streifen schneiden. Mit Salz und Kümmel vermischen und 20 Minuten stehen lassen. Dann gut ausdrücken.

2. Die Schalotte schälen und fein würfeln. In einer Pfanne das Öl erhitzen, die Schalotte darin andünsten, den Zucker darin verrühren. Das Kraut zugeben und die Gemüsebrühe angießen. Mit Pfeffer und Paprikapulver würzen. In etwa 20 Minuten weich dünsten.

3. In reichlich Salzwasser die Fleckerln bissfest kochen. Abgießen und zu dem gedünsteten Weißkraut geben. Alles verrühren und mit Salz und Pfeffer abschmecken.

4. Den Räucherspeck ohne Schwarte fein würfeln, in einer kleinen Pfanne ausbraten.

5. Die Krautfleckerln auf zwei Teller verteilen und mit den Speckwürfeln bestreuen.

Dazu passt ein bunter Salat.

Fleckerln sind eine österreichische Nudelspezialität. Ersatzweise können auch ebenso gut Bandnudeln verwendet werden.

Erdäpfelkäse

Zutaten für 2 Personen

500 g mehlig kochende Kartoffeln
125 g saure Sahne
evtl. etwas Gemüsebrühe
1 Schalotte
1 Knoblauchzehe

1 Bund Schnittlauch
1 TL mittelscharfer Senf
Salz
weißer Pfeffer,
  frisch gemahlen

Zubereitungszeit: 45 Minuten.

1. Die Kartoffeln in Salzwasser garen, abkühlen lassen und pellen. Dann durch die Kartoffelpresse drücken. Mit der sauren Sahne zu einer cremigen Masse verrühren. Sollte die Masse zu fest sein, etwas Gemüsebrühe oder noch etwas saure Sahne hinzufügen.

2. Die Schalotte und die Knoblauchzehe pellen und sehr fein würfeln. Den Schnittlauch waschen, trockenschütteln und in feine Röllchen schneiden. Alles mit dem Senf unter die Kartoffelmasse mengen, mit Salz und Pfeffer abschmecken.

Tipp *Für dieses Gericht lassen sich auch wunderbar die übrigen Kartoffeln vom Vortag verwenden.*

Oberösterreichische Spezialität *Der Name dieses feinen Brotaufstrichs aus Oberösterreich bezieht sich auf die cremige Konsistenz. Mit frischem Brot und Gewürzgurken oder einem kleinen Salat ist der Erdäpfelkäse gut als Zwischenmahlzeit oder leichtes, schnelles Mittagessen geeignet.*

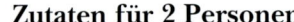

Kasnocken

Zutaten für 2 Personen

1 altbackenes Brötchen	*1 Eigelb*
100 ml lauwarme Milch	*1 EL gehackte Petersilie*
1 kleine Zwiebel	*Salz*
125 g Bergkäse	*weißer Pfeffer, frisch gemahlen*
10 g Butter	*Muskatnuss, frisch gerieben*
1 EL Mehl	*20 g Butter*
1 Ei	*30 g Parmesan, frisch gerieben*

Zubereitungszeit: 40 Minuten.

1. Das Brötchen in dünne Scheiben schneiden. In einer Schüssel mit der Milch übergießen und einweichen.

2. Die Zwiebel schälen und sehr fein würfeln. Den Käse entrinden und reiben. Die Butter in einer Pfanne zerlassen und die Zwiebelwürfel darin goldgelb braten.

3. Die eingeweichten Brötchen ausdrücken, dann mit dem Käse, dem Mehl, dem Ei, dem Eigelb und der Petersilie gut vermengen. Die Masse mit Salz, Pfeffer und Muskat würzen.

4. In einem Topf reichlich gesalzenes Wasser zum Kochen bringen. Mit einem Esslöffel von der Käsemasse eigroße Nocken abstechen, in das kochende Wasser geben und bei schwacher Hitze in 10 bis 15 Minuten garen. Wenn sie an die Oberfläche kommen, mit einem Schaumlöffel herausheben und abtropfen lassen.

5. In einer Pfanne die Butter schmelzen und leicht braun werden lassen. Die Kasnocken auf Teller verteilen, mit der Butter begießen sowie den Zwiebelwürfeln und dem Parmesan bestreuen.

Dazu passt grüner Salat.

Spinatknödel mit Speck

Zutaten für 2 Personen

150 g altbackenes Weißbrot	*1 EL Semmelbrösel*
⅛ l warme Milch	*1 Ei, Klasse L*
250 g passierter Spinat,	*Salz*
tiefgefroren	*weißer Pfeffer,*
1 Knoblauchzehe	*frisch gemahlen*
1 Zwiebel	*Muskatnuss, frisch gerieben*
30 g geräucherter Speck	*30 g Parmesan,*
30 g Butter	*frisch gerieben*
1 EL Mehl	

Zubereitungszeit: 40 Minuten.

1. Das Brot würfeln und in einer Schüssel mit der Milch übergießen. Den Spinat auftauen lassen.

2. Die Knoblauchzehe und die Zwiebel schälen, beides sehr fein hacken. Den Speck ohne Schwarte fein würfeln. Die Hälfte der Butter in einem Topf erhitzen, Knoblauch, Zwiebel und Speckwürfel darin glasig braten. Den Spinat hinzufügen und kurz dünsten. Abkühlen lassen.

3. Das eingeweichte Brot ausdrücken, mit dem Mehl, den Semmelbröseln und dem Ei gut vermischen. Den Spinat dazugeben und alles gründlich vermengen. Die Masse mit Salz, Pfeffer und Muskatnuss würzen.

4. Reichlich Salzwasser zum Kochen bringen. Mit einem Löffel kleine Knödel aus dem Teig formen, ins kochende Wasser geben und bei schwacher Hitze in etwa 15 bis 20 Minuten garen.

5. Die restliche Butter schmelzen. Die gegarten Knödel aus dem Wasser nehmen, abtropfen lassen, auf vorgewärmte Teller verteilen. Mit der Butter begießen, den Parmesan darüberstreuen und servieren.

Fisch, Fleisch und Beilagen

Ein Mensch beim Essen ist ein gut Gesicht,
Wenn er nichts denkt und nur die Kiefer mahlen,
Die Zähne malmen und die Blicke strahlen
Von einem sonderbaren Urweltlicht.

Carl Zuckmayer

Seien Sie bereit zu diesem fast schon selbstvergessenen Daseins-, ja Genießerglück, wie es der Dichter beschreibt! Die österreichische Küche ist da wunderbar geeignet, das Tor zum Schlaraffenland aufzustoßen: Sie hat ihren unvergleichlichen Rezepteschatz einerseits den unterschiedlichen Regionen vom Burgenland bis zum Waldviertel zu verdanken. Andererseits wurden die österreichischen Gerichte auch immer durch Kochtraditionen benachbarter Länder wie Ungarn oder Böhmen bereichert und verfeinert.
Freuen Sie sich also auf so raffinierte Speisen wie Forellen mit Pilzfüllung, Kalbsvögerl oder Lengberger Lammspieße. Ganz zu schweigen von den deftigen Beilagen ...

Wiener Semmelknödel

Zutaten für 2 Personen

3 altbackene Brötchen	25 g Schweineschmalz
½ l Milch	oder Butter
1 Schalotte oder kleine Zwiebel	25 g Mehl
½ Bund Petersilie	Salz
1 Ei	

Zubereitungszeit: 40 Minuten.

1. Die Brötchen in Scheiben schneiden und in einer Schüssel mit der Milch übergießen. Die Schalotte oder Zwiebel schälen und fein hacken. Die Petersilie waschen, trockentupfen und ebenfalls fein hacken. Das Ei verquirlen.

2. In einer Pfanne das Fett erhitzen, die Zwiebelwürfel darin anbraten.

3. Die Zwiebelwürfel, die Petersilie, das Ei und das Mehl zu den eingeweichten Brötchen geben und alles gut verkneten. Die Masse kurz ruhen lassen.

4. Reichlich gesalzenes Wasser zum Kochen bringen. Mit feuchten Händen von der Brötchenmasse mittelgroße Kugeln formen. Ins kochende Wasser geben und 10 bis 15 Minuten mehr ziehen als kochen lassen.

Passt zu Wiener Beuscherl (Lunge) oder Schweinebraten.

Bayerisches Vorbild *Die Wiener Küche, z. B. vielfältig beeinflusst von Ungarn, Tschechien, Italien und Böhmen, könnte dieses Rezept auch von den Bayern »entlehnt« haben.*

Mehlknödel aus dem Mühlviertel

Zutaten für 2 Personen

180 g Mehl
1 Ei
70 ml Milch
½ TL Salz

Zubereitungszeit: 30 Minuten
                  + 30 Minuten zum Quellen des Mehls

1. Das Mehl, das Ei, die Milch und das Salz zu einem glatten, festen Teig rühren, 30 Minuten ruhen lassen, damit das Mehl quellen kann. Sollte der Teig nicht fest genug sein, noch etwas Mehl dazugeben – wenn er zu fest ist, noch etwas Milch unterkneten.

2. Reichlich Salzwasser zum Kochen bringen. Aus dem Teig mit feuchten Händen Knödel formen und in das kochende Salzwasser geben. Zugedeckt in etwa 15 bis 20 Minuten garziehen lassen.

Passt zu Schweinebraten und grünen Bohnen.

Böhmische Knödel

Zutaten für 2 Personen

⅛ l Milch	1 Ei
250 g Mehl	Salz
½ Päckchen Trockenhefe	weißer Pfeffer, frisch gemahlen
¼ TL Zucker	Muskatnuss, frisch gemahlen
½ TL Salz	2 altbackene Brötchen

Zubereitungszeit: 50 Minuten
+ Zeit zum Gehen des Teigs.

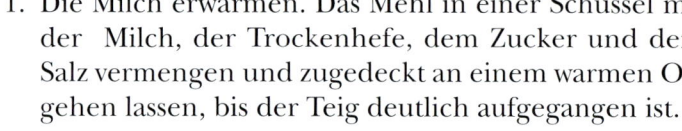

1. Die Milch erwärmen. Das Mehl in einer Schüssel mit der Milch, der Trockenhefe, dem Zucker und dem Salz vermengen und zugedeckt an einem warmen Ort gehen lassen, bis der Teig deutlich aufgegangen ist.

2. Den Teig gut kneten, das Ei unterrühren. Mit Salz, Pfeffer und Muskatnuss würzen, erneut gehen lassen.

3. Die Brötchen in Würfel schneiden und in einer Pfanne ohne Fett etwas anrösten.

4. Reichlich Salzwasser zum Kochen bringen. Den Teig erneut kräftig kneten, die Brötchenwürfel unterrühren und aus der Masse eine dickliche Rolle bilden.

5. Diese Rolle in das kochende Wasser geben und mehr ziehen als kochen lassen. Nach 15 Minuten die Rolle wenden und noch einmal 15 Minuten ziehen lassen. Dann herausnehmen und mit einem Faden in Scheiben teilen.

Passt zu Braten aller Art, die viel Sauce für die saugstarken Knödel bieten.

Vorsicht Stilbruch! *Kenner wissen, dass Böhmische Knödel nur mit einem Faden zerteilt und niemals mit einem Messer in Scheiben geschnitten werden dürfen.*

Tiroler Speckknödel

Zutaten für 2 Personen

3 altbackene Brötchen
1 Schalotte
80 g gekochter Schweinebraten
75 g Räucherspeck
1 Ei
70 ml Milch
1 ½ EL Mehl
20 g weiche Butter

½ EL frisch gehackte Petersilie
½ EL frisch geschnittener
   Schnittlauch
½ TL getrockneter Majoran
   oder 1 TL frischer Majoran
Salz
weißer Pfeffer, frisch gemahlen

Zubereitungszeit: 1 Stunde 15 Minuten.

1. Die Brötchen in Würfel schneiden und in eine Schüssel geben. Die Schalotte schälen und fein hacken. Den Braten in Würfel schneiden.

2. Den Speck ohne Schwarte fein würfeln und in einer Pfanne bei mittlerer Hitze auslassen, die Schalotte hinzufügen, glasig werden lassen, dann zu den Brötchen geben und vermengen. Das Bratenfleisch ebenfalls unterrühren.

3. Das Ei mit der Milch verquirlen, über die Brötchenmasse gießen. Das Mehl, die Butter und die Kräuter unterrühren und alles gut verkneten. Die Masse mit Salz und Pfeffer würzen. 30 Minuten ruhen lassen.

4. Reichlich Salzwasser zum Kochen bringen. Mit feuchten Händen aus dem Teig Knödel formen und in das kochende Wasser legen. Im offenen Topf in etwa 12 bis 15 Minuten garziehen lassen.

Passt zu Sauerkraut und Schweinebraten, aber auch in eine klare Fleischbrühe.

75

Grammelknödel

Zutaten für 2 Personen

500 g mehlig kochende Kartoffeln
100 g Kartoffelmehl
15 g Grieß
1 EL Butter
1 Ei, 1 Eigelb
Salz
weißer Pfeffer, frisch gemahlen

Muskatnuss,
frisch gerieben
150 g Grammeln
1 Schalotte
1 Knoblauchzehe
1 EL Sonnenblumenöl
2 EL Petersilie,
frisch gehackt

Zubereitungszeit: 1 Stunde.

1. Die Kartoffeln schälen, weichkochen und noch heiß durch die Kartoffelpresse drücken. Diese Masse mit dem Mehl, dem Grieß, der Butter, dem Ei und dem Eigelb glatt verkneten. Mit Salz, Pfeffer und Muskatnuss würzen.

2. Für die Füllung die Grammeln fein hacken. Die Schalotte und die Knoblauchzehe schälen und fein würfeln.

3. Das Öl in einer Pfanne erhitzen, die Grammeln, Schalotten- und Knoblauchwürfel darin anbraten, die Petersilie hinzufügen, unterrühren. Salzen und pfeffern. Diese Füllung abkühlen lassen.

4. Reichlich Salzwasser zum Kochen bringen. Den Kartoffelteig zu einer Rolle formen und diese in Stücke schneiden. Die Stücke flachdrücken. Auf die Hälfte der Stücke einen Löffel von der Füllung geben, mit einer zweiten Scheibe bedecken und Knödel daraus formen.

5. Die Knödel in das kochende Wasser geben und bei schwacher Hitze in etwa 12 Minuten garziehen lassen.

Dazu passt Sauerkraut.

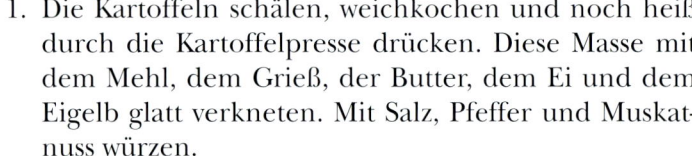

Grammeln   *ist der österreichische Begriff für Grieben.*

Tarhonya

Zutaten für 2 Personen

2 Eier
½ TL Salz
250 g Weizenmehl
1 kleine Zwiebel

30 g Schweineschmalz
Salz, Pfeffer
½ EL Petersilie, frisch gehackt

Zubereitungszeit: 30 Minuten + 1 gute Stunde Vorbereitungszeit für den Teig sowie Trockenzeit über Nacht.

1. Die Eier mit dem Salz verquirlen. Das Mehl auf eine Arbeitsfläche sieben, in die Mitte eine Mulde drücken und die Eier hineingeben. Von außen nach innen zu einem Teig kneten. Er sollte fest, aber dennoch geschmeidig sein. Für etwa eine Stunde kühlstellen.

2. Den Teig aufteilen und durch ein grobes Sieb reiben – eine Art große Graupen soll dabei entstehen. Diese Graupen über Nacht trocknen lassen.

3. Am nächsten Tag für das Essen selbst die Zwiebel schälen und fein würfeln. Das Schmalz in einem Topf erhitzen, die Zwiebel darin anrösten. Die Tarhonya dazugeben und Wasser im Verhältnis 1:2 dazugießen. Salzen, pfeffern und die Petersilie darüberstreuen. Die Graupen in etwa 5 Minuten bissfest kochen.

Passt zu Gulasch, Wildgerichten und Gänsebraten.

Ungarische Küche   *Hier zeigt sich der Einfluss Ungarns auf die österreichische Küche. Tarhonya sind Nudelgraupen, die in Österreich oft anstelle von Reis serviert werden.*

Heidensterz

Zutaten für 2 Personen

500 ml Wasser
½ TL Salz
180 g Buchweizenmehl

25 g geräucherter Speck
1 EL Schmalz

Zubereitungszeit: 35 Minuten.

1. Das Wasser salzen und zum Kochen bringen. Das Mehl rasch in das kochende Wasser schütten. Den Kloß, der sich dabei bildet, bei schwacher Hitze etwa 15 bis 20 Minuten kochen.

2. Den Speck ohne Schwarte in kleine Würfel schneiden. Das Schmalz in einer Pfanne erhitzen, den Speck darin auslassen.

3. Den Kloß vom Topfrand lösen, abgießen, das Kochwasser auffangen. Den Kloß in eine Schüssel legen, mit einer Gabel aufreißen und nach und nach das Kochwasser über die Masse gießen, bis sich eine breiige Masse bildet. Mit dem Speckschmalz übergießen und servieren.

Passt zu Fleischsuppen bzw. zu einem Feld- oder Gurkensalat.

Heiden ist der österreichische Begriff für Buchweizen. Dieses einfache Gericht wird traditionellerweise zur Klachlsuppe gereicht. In der Steiermark wird das Mehl zunächst in einer Pfanne ohne Fett erwärmt, bis es leicht nussig riecht.

Eiernockerln

Zutaten für 2 Personen

Salz
200 g Mehl
4 Eier
100 ml Milch
weißer Pfeffer, frisch gemahlen

Muskatnuss, frisch gerieben
1 EL Schnittlauch
1 EL Butter
etwas Schnittlauch zum
Bestreuen

Zubereitungszeit: 25 Minuten.

1. Reichlich Salzwasser zum Kochen bringen. Das Mehl mit 2 Eiern und der Milch in einer Schüssel zu einem glatten Teig verrühren, mit Salz, Pfeffer und Muskatnuss würzen.

2. Mit einem nassen Löffel von der Masse Nocken abstechen und diese im kochenden Wasser in etwa 8 Minuten garziehen lassen.

3. Die restlichen Eier verquirlen, mit dem Schnittlauch vermengen und mit Salz und Pfeffer würzen. Die Butter in einer Pfanne bräunen.

4. Die Eiernockerln aus dem Wasser nehmen, abtropfen lassen und in der Butter schwenken. Mit der Eimasse übergießen und stocken lassen. Mit Schnittlauch bestreut servieren.

Dazu passt ein bunter oder grüner Salat.

Rahmschwammerl

Zutaten für 2 Personen

400 g Pfifferlinge, Steinpilze,
    Champignons oder Egerlinge
1 kleine Zwiebel
1 EL Olivenöl
1 TL Mehl
etwas abgeriebene Schale von
    einer unbehandelten Zitrone

Salz
schwarzer Pfeffer,
    frisch gemahlen
80 ml Sahne
2 EL saure Sahne
1 EL Petersilie, grob gehackt

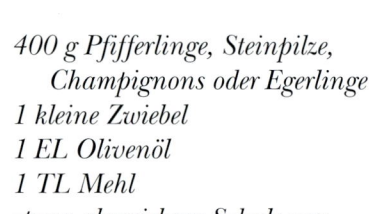

Zubereitungszeit: 40 Minuten.

1. Die Pilze von Sandresten befreien, gut putzen (keinesfalls waschen), die Stielenden kappen. Steinpilze oder Champignons in Scheiben schneiden. Die Zwiebel schälen und würfeln.

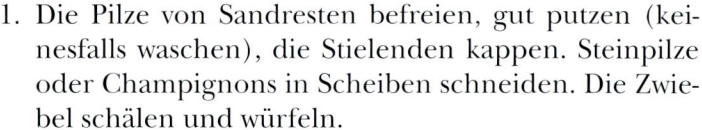

2. Das Öl in einer Pfanne stark erhitzen, zuerst die Zwiebelwürfel anbräunen, dann die Pilze darin unter Rühren anbraten. Mit dem Mehl bestauben, mit der Zitronenschale, Salz und Pfeffer würzen, kurz braten. Die Sahne dazugießen, alles verrühren und die Flüssigkeit einkochen lassen.

3. Nun die saure Sahne mit der Petersilie unter die Pilze rühren und mit Salz und Pfeffer abschmecken.

Dazu passt Kotelett oder Schnitzel sowie Salat.

Tipp   *Alle möglichen Pilze können für dieses Gericht verwendet werden, aber am besten schmecken Pfifferlinge (Reherl) oder Steinpilze.*

Böhmische Kartoffelpuffer

Zutaten für 2 Personen

500 g Kartoffeln	*1 EL Majoran*
2 Knoblauchzehen	*2 Eier*
½ EL Salz	*2 EL Mehl*
weißer Pfeffer, frisch gemahlen	*2–3 EL Butterschmalz*

Zubereitungszeit: 30 Minuten.

1. Die Kartoffeln schälen und roh reiben. Die Knoblauchzehen schälen und fein hacken. Mit Salz, Pfeffer und dem Majoran würzen, etwas ziehen lassen. Dann die Kartoffelmasse auspressen, damit sie trockener wird. Die Eier verquirlen und mit dem Knoblauch und dem Mehl unter die Kartoffelmasse mengen.

2. Das Schmalz in einer Pfanne erhitzen. Aus dem Kartoffelteig nach und nach kleine Puffer goldbraun braten. Anschließend auf Küchenkrepp abfetten lassen.

Passt zu Salat oder Sauerkraut, aber auch zu geräuchertem Fisch.

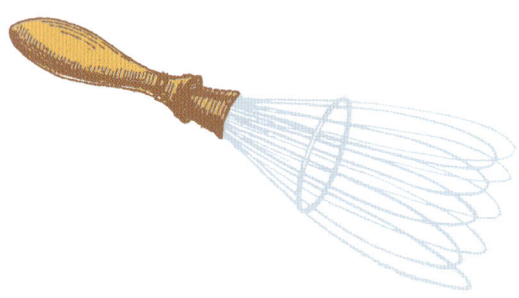

Kürbisgemüse

Zutaten für 2 Personen

250 g Muskatkürbis
Salz
1 kleine Zwiebel
1 Knoblauchzehe
½ EL Butter
weißer Pfeffer, frisch gemahlen

½ TL Kümmel
⅛ l saure Sahne
1 TL Mehl
½ TL Paprikapulver, edelsüß
3 EL Gemüsebrühe

Zubereitungszeit: 25 Minuten.

1. Den Kürbis schälen, entkernen, in Streifen schneiden, etwas salzen und ziehen lassen.
2. Die Zwiebel und die Knoblauchzehe schälen und beides fein würfeln.

3. Die Butter in einem Topf erhitzen, die Zwiebel- und Knoblauchwürfel darin hell anbraten. Die Kürbisstreifen ausdrücken, in den Topf geben, mit Salz, Pfeffer und Kümmel würzen und kurz anbraten.
4. Die saure Sahne mit dem Mehl und dem Paprikapulver verrühren und mit der Gemüsebrühe zum Kürbis geben und gut verrühren. Den Kürbis in etwa 10 bis 15 Minuten weichdünsten.

Passt zu Fleischgerichten und Erdäpfeln.

Tipp   *Muskatkürbis, der tatsächlich ein wenig nach Muskat schmeckt und daher auch seinen Namen hat, eignet sich für alle Zubereitungsarten und schmeckt sogar roh sehr gut.*

Apfel-Rotkohl

Zutaten für 2 Personen

2 kleine Äpfel	1 EL Zucker
1 Schalotte	$\frac{1}{8}$ l Rotwein
500 g Rotkohl	Salz
30 g Gänseschmalz oder Butter	schwarzer Pfeffer,
2 Lorbeerblätter	frisch gemahlen
3 Nelken, 5 Wacholderbeeren	1 EL Aceto balsamico

Zubereitungszeit: 50 Minuten.

1. Die Äpfel schälen (Kerne entfernen) und in Würfel schneiden. Die Schalotte schälen und fein hacken.

2. Den Rotkohl putzen, die äußeren Blätter und den Strunk entfernen. Die Blätter in Streifen schneiden.

3. Das Gänseschmalz oder die Butter erhitzen, die Apfelwürfel und die Schalotte darin weichdünsten.

4. Den Rotkohl in einen Topf geben, alle Gewürze und den Zucker hinzufügen, den Rotwein angießen und den Kohl salzen und pfeffern. Gut durchrühren und etwa 30 Minuten bei schwacher Hitze köcheln lassen. Immer wieder durchrühren, eventuell noch Rotwein nachgießen.

5. Kurz vor Ende der Garzeit die Apfel-Zwiebel-Mischung und den Aceto balsamico unterrühren. Mit Salz und Pfeffer abschmecken. Der Rotkohl sollte sanft süß-säuerlich schmecken.

Passt zu Gänse- und Schweinebraten.

Tipp *Frisch gekocht schmeckt es natürlich am besten. Bei Zeitmangel sind Konserven oder Tiefkühlware aber durchaus gute Alternativen.*

Spargelragout

Zutaten für 2 Personen

je 300 g grüner und
   weißer Spargel
Salz
1 TL Zucker
1 EL Butter
einige Zweige frische Minze

1 kleine Zwiebel
$^1/_4$ l Hühnerbrühe
$^1/_8$ l Sahne
weißer Pfeffer, frisch gemahlen
Minzeblätter zum Garnieren

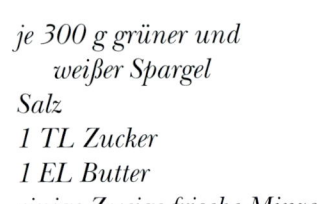

Zubereitungszeit: 40 Minuten.

1. Den Spargel putzen (die harten Enden entfernen), waschen und den weißen Spargel schälen. In Stücke schneiden.

2. Reichlich Salzwasser mit dem Zucker, etwas Butter und einigen Minzezweigen aufkochen und ziehen lassen, dann die Minze herausnehmen. In dem Wasser nun den Spargel in ca. 10 Minuten bissfest garen.

3. Die Zwiebel schälen und fein würfeln. In einem Topf die Hühnerbrühe mit der Sahne, der Zwiebel und einigen Minzezweigen aufkochen und einkochen lassen. Mit Salz und Pfeffer würzen, durchsieben. Die Sauce wieder erhitzen und die restliche Butter einrühren.

4. Den Spargel in diese Sauce geben und noch einmal kurz erhitzen. Mit einigen Minzeblättern garniert servieren.

Dazu passt Buttersauce, Salzkartoffeln und gekochter Schinken.

Tipp *Der Marchfelder Spargel aus Niederösterreich ist berühmt für seine exzellente Qualität.*

Geschmorter Stangensellerie

Zutaten für 2 Personen

300 g Stangensellerie	*weißer Pfeffer,*
¼ l Fleischfond oder Fleischbrühe	*frisch gemahlen*
20 g Butter	*2 EL Kürbiskernöl*
Salz	*1 EL Kürbiskerne*

Zubereitungszeit: 1 Stunde.

1. Den Sellerie putzen, die Wurzelansätze abschneiden, grobe Fasern entfernen. Die Stangen halbieren. So abschneiden, dass sie in einen Schmortopf passen. Gut waschen und trocknen.

2. Die Fleischbrühe etwas einkochen lassen, damit sie kräftiger schmeckt. Den Backofen auf 150 °C vorheizen.

3. Die Butter in einem Schmortopf zerlassen, die Selleriestangen mit der Schnittfläche nach unten hineinlegen, auf dem Herd kurz anbraten und die Fleischbrühe darübergießen. Salzen und pfeffern.

4. Den Topf schließen und auf dem Rost in den Backofen stellen. Das Gemüse 30 bis 40 Minuten schmoren lassen, bis die Stangen weich sind. Dann auf einer vorgewärmten Platte anrichten.

5. Die Kochflüssigkeit einkochen lassen, das Öl unterrühren und cremig schlagen. Über den Sellerie gießen.

6. Die Kürbiskerne in einer Pfanne ohne Fett rösten, bis sie zu duften beginnen. Dann über das Gemüse streuen und servieren.

Passt zu gedünstetem Fisch und Kalbsbraten.

Tipp   *So zubereitet ist das Gericht auch eine feine Vorspeise.*

Majorankraut

Zutaten für 2 Personen

1 kleiner Weißkohl
1 Zwiebel
1 kleiner Apfel
¹/₂ Bund Majoran
25 g Butter

¹/₂ EL Zucker
1 TL Apfelessig
Salz
weißer Pfeffer, frisch gemahlen

Zubereitungszeit: 30 Minuten.

1. Vom Kohl die äußeren Blätter und den Wurzelansatz entfernen, den restlichen Kopf waschen, halbieren, die Hälften vierteln und in sehr feine Streifen schneiden.

2. Die Zwiebel schälen und hacken. Den Apfel schälen, vierteln (die Kerne entfernen) und klein würfeln. Die Majoranblättchen von den Stielen zupfen und hacken.

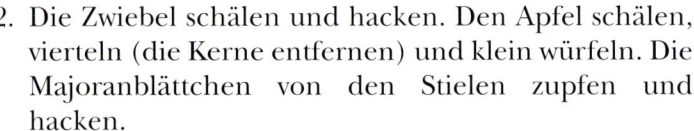

3. Die Butter in einem Topf erhitzen, den Zucker darin auflösen und leicht karamellisieren lassen, dann die Zwiebel- und Apfelstückchen hinzufügen, unterrühren und kurz andünsten. Nun das Weißkraut und den Apfelessig unterrühren, mit Salz und Pfeffer würzen und das Kraut in etwa 20 Minuten weichdünsten. Mit Salz und Pfeffer abschmecken.

Passt zu Gänsebraten und gefüllten Nudeln.

Böhmischer Karpfen mit Biersauce

Zutaten für 2 Personen

1 Schalotte	*2 Karpfenfilets à ca. 150 g*
300 ml Wasser oder Fischfond	*40 g Lebkuchen*
70 ml Weißweinessig	*1 getrocknete Pflaume*
5 Pfefferkörner	*1 EL Butterschmalz*
1 kleines Lorbeerblatt	*1 TL Rosinen*
Salz	*1 EL Honig*
weißer Pfeffer, frisch gemahlen	*60 ml dunkles Bier*

Zubereitungszeit: 30 Minuten.

1. Die Schalotte schälen und halbieren. In einem Topf das Wasser oder den Fischfond mit dem Essig, den Pfefferkörnern, dem Lorbeerblatt und der Schalotte aufkochen, mit Salz und Pfeffer würzen. Die Flüssigkeit etwas einkochen lassen.

2. Die Fischfilets einlegen und etwa 8 bis 10 Minuten ziehen lassen, herausnehmen und warmstellen. Den Sud durch ein Sieb gießen und auffangen.

3. Den Lebkuchen zerbröseln. Die Pflaume fein hacken.

4. Das Schmalz in einer Pfanne erhitzen. Lebkuchen, Pflaume und Rosinen darin kurz andünsten, den Honig hinzufügen und alles gut verrühren. Nach und nach etwas von dem Fischsud unterrühren. Zuletzt das Bier hinzugießen, alles gut zu einer sämigen Sauce verrühren.

5. Die Fischfilets wieder in die Sauce legen und noch einmal kurz darin erhitzen.

Dazu passen vor allem Grammelknödel.

Karpfengulasch mit Tomaten

Zutaten für 2 Personen

1 Zwiebel

1 Fleischtomate

1 gelbe Paprikaschote

2 Karpfenfilets à 150 g

1 EL Zitronensaft

Salz

weißer Pfeffer, frisch gemahlen

2 EL Öl

65 ml saure Sahne

65 ml Fischfond oder
    Gemüsebrühe

1 TL Paprikapulver, edelsüß

Zubereitungszeit: 30 Minuten.

1. Die Zwiebel schälen und in kleine Würfel schneiden. Die Tomate kurz in kochendes Wasser legen, herausnehmen, abschrecken und enthäuten. Halbieren (dabei den Stielansatz entfernen) und in Würfel schneiden. Die Paprikaschote waschen, halbieren (die Kerne entfernen) und ebenfalls würfeln.

2. Die Fischfilets waschen, trockentupfen, mit dem Zitronensaft beträufeln, salzen und pfeffern.

3. In einem Topf das Öl erhitzen, die Zwiebel-, Tomaten- und Paprikawürfel darin andünsten, mit Paprika bestreuen, durchrühren und die Fischstücke hinzufügen und kurz aufkochen, mit Salz und Pfeffer würzen.

4. Die saure Sahne und den Fischfond oder die Gemüsebrühe dazugießen, alles gut durchrühren und den Fisch in 15 Minuten garziehen lassen. Immer wieder vorsichtig durchrühren, damit der Fisch nicht zerfällt, oder den Topf rütteln, damit nichts anbrennt. Zuletzt mit Salz und Pfeffer abschmecken, eventuell noch etwas Paprikapulver unterrühren und heiß servieren.

Dazu passt Kartoffeln oder Bandnudeln und Tomatensalat.

Steirisches Nationalgericht *Dieses Gulasch stammt aus der Steiermark, einem wichtigen österreichischen Karpfengebiet.*

Huchenfilets mit Gemüse

Zutaten für 2 Personen

2 kleine Möhren   *2 EL Weißweinessig*
1 kleine Petersilienwurzel   *Salz*
1 kleine Stange Lauch   *weißer Pfeffer, frisch gemahlen*
1 Zwiebel   *2 Huchenfilets à 150 g*
Olivenöl   *1 EL Zitronensaft*

Zubereitungszeit: 45 Minuten.

1. Die Möhren, die Petersilienwurzel und den Lauch putzen, waschen und in Stücke schneiden. Die Zwiebel schälen und fein würfeln.

2. In einem Topf 1 Esslöffel Olivenöl erhitzen, die Zwiebel darin anbräunen, das Gemüse hinzufügen, den Essig dazugeben und in etwa 10 Minuten weichdünsten. Salzen und pfeffern.

3. Die Filets mit Zitronensaft beträufeln und mit Pfeffer würzen.

4. In einer Pfanne 2 Esslöffel Olivenöl erhitzen, die Fischfilets darin von beiden Seiten kurz anbraten, salzen und bei mittlerer Hitze garbraten.

5. Das Gemüse abschmecken, auf vorgewärmten Tellern anrichten. Die Fischfilets dazulegen und mit etwas Olivenöl beträufelt servieren.

Dazu passt Reis oder Salzkartoffeln.

Huchen   *Dieser Fisch wird in Österreich oftmals auch als Donaulachs bezeichnet.*

Saibling mit Meerrettichkruste

Zutaten für 2 Personen

30 g Weißbrot	125 ml Weißwein
30 g Butter	1 cl Sherry
2 Eigelbe	125 ml Fischfond
25 g Meerrettich	40 g Butter
Salz	2 Saiblingsfilets à 120–150 g
weißer Pfeffer, frisch gemahlen	1 EL Zitronensaft
1 Schalotte	etwas Butter zum Einfetten

Zubereitungszeit: 45 Minuten.

1. Das Weißbrot reiben. Die Butter mit dem Eigelb, dem Meerrettich und dem Weißbrot vermengen und mit Salz und Pfeffer würzen. Kaltstellen.

2. Die Schalotte schälen und fein hacken. Den Weißwein mit dem Sherry und dem Fischfond in einem Topf aufkochen und auf die Hälfte einkochen lassen. Die Hälfte der Butter unterrühren. Die Sauce mit Salz und Pfeffer abschmecken.

3. Den Grill vorheizen. Die Fischfilets mit dem Zitronensaft beträufeln. In einer Pfanne die restliche Butter erhitzen. Die Filets kurz anbraten. Ein Backblech einfetten, die Saiblingsfilets darauflegen. Die Meerrettichbutter in Scheiben auf die Filets legen und diese 4 Minuten grillen. Danach den Saibling mit der Wein-Sherry-Sauce servieren.

Dazu passt Rote Bete oder Feldsalat und Kartoffeln.

Felchenfilets Bregenzer Art

Zutaten für 2 Personen

1 Zitrone
4 Felchenfilets à etwa 100 g
weißer Pfeffer, frisch gemahlen
100 g Egerlinge oder Champignons
1 Schalotte
1 Knoblauchzehe

½ Bund Petersilie
½ EL Kapern
2 EL Butter
Salz
2 EL Weißwein
60 ml Sahne

Zubereitungszeit: 45 Minuten.

1. Die Zitrone auspressen. Die Fischfilets mit dem Zitronensaft beträufeln und pfeffern.

2. Die Pilze putzen und fein schneiden. Die Schalotte und die Knoblauchzehe schälen und beides sehr fein würfeln. Die Petersilie waschen, trockenschütteln und hacken. Die Kapern ebenfalls hacken.

3. In einer Pfanne 1 Esslöffel Butter erhitzen, die Zwiebel und den Knoblauch darin hellbraun braten, die Pilze hinzufügen und bei starker Hitze braten, bis die Flüssigkeit verdampft ist. Die Petersilie und die Kapern hinzufügen, unterrühren.

4. In einer weiteren Pfanne die restliche Butter erhitzen. Die Fischfilets von beiden Seiten je 3 bis 4 Minuten braten, salzen. Mit dem Weißwein ablöschen.

5. Die Sahne zu den Pilzen geben und unterrühren, noch einmal kurz aufkochen lassen und mit Salz und Pfeffer abschmecken.

6. Die Fischfilets auf vorgewärmten Tellern anrichten, die Pilze dazugeben und servieren.

Dazu passt Weißbrot oder Salzkartoffeln.

Forellen mit Pilzfüllung

Zutaten für 2 Personen

Für die Füllung:
1 Schalotte
$^1\!/_2$ Bund Petersilie
50 g Champignons
15 g Butter
50 ml Fleischbrühe
Salz und Pfeffer
1 EL Zitronensaft
1 EL Semmelbrösel

Für die Fische:
2 küchenfertige Forellen
    à etwa 250 g
Salz
2 EL Zitronensaft
1 EL Mehl
$1^1\!/_2$ EL Butter

Zubereitungszeit: 45 Minuten.

1. Für die Füllung die Schalotte schälen und hacken. Die Petersilie waschen, trockenschütteln und hacken, die Champignons putzen und in dünne Scheiben schneiden.

2. In einer Pfanne die Butter erhitzen, die Zwiebel und die Petersilie anrösten, die Pilze hinzugeben, alles kurz andünsten, die Fleischbrühe dazugießen, salzen und pfeffern, den Zitronensaft hinzufügen und alles so lange kochen, bis die Flüssigkeit verdunstet ist. Dann die Semmelbrösel unterrühren, damit die Masse fester wird.

3. Die Forellen waschen, trockentupfen. Innen salzen und mit dem Zitronensaft beträufeln, dann im Mehl wenden. Die Füllung in die Forellen geben und die offenen Seiten mit Zahnstochern schließen.

4. In einer Pfanne die Butter erhitzen und die Forellen von beiden Seiten goldbraun braten.

5. Den Backofen auf 200 °C vorheizen. Backpapier auf ein Backblech legen, darauf die Forellen betten und auf der mittleren Schiene des Backofens in etwa 15 bis 20 Minuten fertig braten.

Zanderfilets mit Sahnesauce

Zutaten für 2 Personen

½ Bund Petersilie   *2 EL Mehl*
2 Zanderfilets à 150–170 g   *2 EL Semmelbrösel*
2 EL Zitronensaft   *2 EL Olivenöl*
1 Eigelb   *Salz*
200 ml Sahne   *weißer Pfeffer, frisch gemahlen*

Zubereitungszeit: 30 Minuten.

1. Die Petersilie waschen, trockenschütteln und die Blättchen fein hacken. Die Filets waschen, trockentupfen, mit dem Zitronensaft beträufeln.

2. Das Eigelb auf einem flachen Teller mit etwa 2 Esslöffel Sahne verquirlen. Auf weiteren Tellern das Mehl und die Semmelbrösel ausbreiten.

3. Fischfilets zunächst durch das Mehl, dann durch die Ei-Sahne-Mischung ziehen, zuletzt mit den Semmelbröseln panieren.

4. In einer Pfanne das Öl erhitzen und die Fischfilets auf beiden Seiten anbraten, salzen und pfeffern. Herausnehmen, die restliche Sahne zugießen, verrühren, die Fischfilets wieder in die Sauce legen und in etwa 7 Minuten bei schwacher Hitze garziehen lassen. Herausnehmen und warmstellen.

5. Die Sahnesauce mit Salz und Pfeffer und eventuell noch etwas Zitronensaft abschmecken, die Petersilie einrühren.

6. Die Fischfilets auf vorgewärmten Tellern anrichten, mit der Sauce begießen.

Dazu passt grüner Salat und Salzkartoffeln.

93

Original Wiener Backhendl

Zutaten für 2 Personen

1 küchenfertiges Hähnchen
1 unbehandelte Zitrone
Salz
weißer Pfeffer, frisch gemahlen
1 Ei

2 EL Mehl
2 EL Semmelbrösel
125 g Schmalz oder Butterschmalz
½ Bund Petersilie

Zubereitungszeit: 40 Minuten.

1. Die Petersilie waschen und trockenschütteln. Die Zitrone achteln. Das Hähnchen waschen, trockentupfen, in Viertel teilen und diese mit Salz und Pfeffer würzen.

2. Das Ei auf einem Teller verquirlen. Das Mehl und die Semmelbrösel auf jeweils einen Teller verteilen.

3. Die Hähnchenteile zunächst in dem Mehl wenden, dann durch das Ei und anschließend durch die Semmelbrösel ziehen.

4. Das Butterschmalz in einer hohen Pfanne erhitzen, die panierten Hähnchenteile nacheinander darin in etwa 10 bis 15 Minuten goldbraun backen. Auf Küchenkrepp abtropfen lassen.

5. Die Petersilie in das noch heiße Fett tauchen, bis die Blätter knusprig sind. Die Hähnchenteile mit der Petersilie und den Zitronenachteln garnieren und servieren.

Dazu passt Kartoffelsalat oder grüner Salat.

Steirisches Schöpsernes

Zutaten für 2 Personen

400 g Lammfleisch aus der Schulter
¼ l Fleischbrühe oder Lammfond
Salz
1 Knoblauchzehe
1 Lorbeerblatt
½ TL Thymian
5 Pfefferkörner
5 Pimentkörner

½ TL Majoran
1 kleine Möhre
1 kleine Stange Lauch
2 kleine Kartoffeln
1 Zwiebel
½ Bund Petersilie
1 cm frischer Meerrettich
1 EL Weißweinessig

Zubereitungszeit: 1½ Stunden.

1. Das Fleisch in mittelgroße Würfel schneiden.

2. Die Fleischbrühe oder den Lammfond mit Salz zum Kochen bringen, alle Gewürze und das Fleisch hinzufügen und bei schwacher Hitze etwa 50 Minuten mehr ziehen als kochen lassen.

3. Die Möhre und den Lauch putzen, waschen und in Scheiben schneiden, die Kartoffeln schälen und würfeln, die Zwiebel schälen und vierteln.

4. Das Fleisch aus dem Topf nehmen, die Brühe durch ein Sieb in einen zweiten Topf gießen und erneut aufkochen. Das Gemüse mit dem Fleisch hinzufügen und alles kochen lassen, bis das Gemüse weich ist, aber noch Biss hat.

5. Währenddessen die Petersilie waschen, trockenschütteln und die Blättchen hacken. Den Meerrettich schälen und grob reiben.

6. Das Fleisch mit dem Gemüse auf vorgewärmten Tellern anrichten. Mit der Petersilie und dem Meerrettich bestreuen. Den Kochsud mit dem Essig verrühren, abschmecken und die Sauce zum Fleisch servieren.

Lengberger Lammspieße

Zutaten für 2 Personen

300 g Lammfleisch	*schwarzer Pfeffer,*
(Schlegel oder Rücken)	*frisch gemahlen*
100 g Kalbsleber	*2 EL Olivenöl*
100 g Nieren	*3 Salbeiblätter*
Salz	*1 Knoblauchzehe*

Zubereitungszeit: 45 Minuten.

1. Alle Fleischsorten gut waschen, trockentupfen und von Sehnen und weißen Teilen befreien. In Würfel schneiden, salzen und pfeffern.

2. Die Salbeiblätter waschen, trockentupfen und zerteilen. Die Knoblauchzehe schälen und in feine Scheiben schneiden.

3. Die Fleischstücke im Öl wälzen, abtropfen lassen. Abwechselnd mit den Salbeiblättchen und den Knoblauchscheibchen auf Spieße stecken.

4. Das restliche Öl in einer Pfanne erhitzen und die Spieße darin bei starker Hitze scharf anbraten. Die Hitze reduzieren und das Fleisch in etwa 10 bis 15 Minuten unter Wenden garen.

Dazu passt Weinsauerkraut und Weißbrot.

Skeptiker aufgepasst! *Dieses Gericht ist eine Spezialität aus Kärnten bzw. Osttirol. Die Innereien harmonieren wunderbar mit dem zarten Lammfleisch und gehören unbedingt dazu.*

Panierte Blutwurst
mit Meerrettichsauce

Zutaten für 2 Personen

1 Ei
1 EL Mehl
2 EL Semmelbrösel
2 Scheiben Blutwurst à 125 g
2 EL Öl oder Butterschmalz

Für die Sauce:
1 Bund Schnittlauch
$^1/_4$ l saure Sahne
1 El Meerrettich
Salz
weißer Pfeffer, frisch gemahlen

Zubereitungszeit: 30 Minuten.

1. Das Ei auf einem Teller verquirlen. Das Mehl und die Semmelbrösel auf Tellern ausbreiten.

2. Die Blutwurstscheiben ohne Haut zunächst in dem Mehl, dann im Ei und anschließend in den Semmelbröseln wenden.

3. In einer Pfanne das Fett erhitzen und die panierten Blutwurstscheiben von jeder Seite etwa 7 bis 10 Minuten braten.

4. Für die Sauce den Schnittlauch waschen, trockenschütteln und in feine Röllchen schneiden. Die saure Sahne mit dem Meerrettich und dem Schnittlauch verrühren, mit Salz und Pfeffer abschmecken.

5. Die Blutwurstscheiben auf Tellern anrichten, dazu die Sauce reichen.

Dazu passt Salat und Brat- oder Salzkartoffeln.

Blunzen oder Rotwurst, Schwarzwurst, Topfwurst –
Blutwurst hat viele Namen und gehört wohl zu den ältesten Fleischprodukten überhaupt.

97

Wiener Reisfleisch

Zutaten für 2 Personen

25 g magerer geräucherter Speck
100 g Schalotten
300 g Kalbfleisch
25 g Schmalz oder Butterschmalz
½ TL Paprikapulver, edelsüß
Salz

weißer Pfeffer,
　　frisch gemahlen
300 ml Fleischbrühe
1 EL Tomatenmark
125 g Reis

Zubereitungszeit: 1 Stunde.

1. Den Speck ohne Schwarte in kleine Würfel schneiden. Die Schalotten schälen und fein hacken. Das Fleisch in Stücke schneiden.

2. Das Fett in einem Topf erhitzen, den Speck und die Schalotten darin anbraten. Das Fleisch hinzufügen, mit dem Paprikapulver, Salz und Pfeffer würzen und kurz anbraten. Die Fleischbrühe angießen, das Tomatenmark dazugeben, alles gut durchrühren und den Reis hinzufügen. Im geschlossenen Topf etwa 30 Minuten schmoren.

3. Das Reisfleisch auf vorgewärmten Tellern anrichten.

Dazu passt Tomaten- oder grüner Salat.

Kalbsvögerl

Zutaten für 2 Personen

2 Scheiben von der Kalbshaxe   *2 EL Öl*
    (vom Metzger ausgelöst) à 150 g   *¹⁄₄ l Fleischbrühe*
60 g Speck   *100 g Champignons*
1 TL scharfer Senf   *¹⁄₂ Bund Petersilie*
Salz   *20 g Butter*
weißer Pfeffer, frisch gemahlen   *¹⁄₈ l Sahne*
Muskat, frisch gerieben

Zubereitungszeit: 1 ¹⁄₄ Stunden.

1. Den Speck kurz anfrieren. Die Haxenscheiben von Sehnen und Fett befreien, mit dem Senf einreiben.

2. Den Speck in dünne Streifen schneiden, die Fleischscheiben damit spicken, mit Salz, Pfeffer und etwas Muskat würzen. Den Backofen auf 200 °C vorheizen.

3. In einer ofenfesten Kasserolle das Öl erhitzen, die Fleischscheiben darin von allen Seiten anbraten. Die Kasserolle dann auf die mittlere Schiene in den Backofen stellen. Das Fleisch etwa 45 Minuten schmoren lassen, dabei immer wieder mit Brühe begießen.

4. Die Pilze putzen und blättrig schneiden. Die Petersilie waschen, trockenschütteln und hacken. In einer Pfanne die Butter erhitzen und die Pilze anbraten, bis die Flüssigkeit verdunstet ist. Mit Salz und Pfeffer würzen. Die Sahne und die Petersilie unterrühren.

5. Die »Vögerl« aus dem Topf nehmen und warmstellen. Den Bratensaft mit etwas Wasser oder Fleischbrühe ablöschen und mit dem ausgetretenen Bratensaft der warmgestellten Fleischscheiben verrühren. Mit Salz und Pfeffer abschmecken. Das Fleisch noch mal kurz in der Sauce erwärmen, dann auf vorgewärmten Tellern anrichten, mit der Bratensauce umgießen und mit den Pilzen servieren.

Faschierte Laibchen

Zutaten für 2 Personen

½ Bund Petersilie
1 Zwiebel
1 Knoblauchzehe
1 Brötchen vom Vortag
1 EL Öl
150 g gehacktes Schweinefleisch
150 g gehacktes Rindfleisch

1 TL scharfer Senf
Salz
schwarzer Pfeffer,
   frisch gemahlen
½ TL Majoran
1 Ei
Semmelbrösel nach Bedarf
1 EL Butterschmalz

Zubereitungszeit: 45 Minuten.

1. Die Petersilie waschen, trockenschütteln, die Blättchen grob hacken. Zwiebel und Knoblauchzehe schälen und fein würfeln. Das Brötchen in Scheiben schneiden und mit Wasser bedeckt einweichen.

2. Das Öl in einer Pfanne erhitzen, die Zwiebel- und Knoblauchwürfel mit der Petersilie darin andünsten.

3. Das gehackte Fleisch in eine Schüssel geben, die Zwiebel-Petersilien-Mischung dazugeben, Senf, Salz, Pfeffer und den zerbröselten Majoran hinzufügen und alles gründlich vermengen.

4. Das Brötchen gut ausdrücken, zerpflücken und mit dem Ei unter das Fleisch mischen. Falls der Teig zu weich ist, eventuell Semmelbrösel unterrühren. Mit nassen Händen Kugeln formen und flachdrücken.

5. In einer Pfanne das Fett erhitzen und jede Seite der Fleischlaibchen darin etwa 5 bis 7 Minuten braten.

Dazu passt Senf, Ketchup, Bratkartoffeln oder Kartoffelpüree und Feldsalat.

Faschierte Laibchen *sind also die österreichische Ausgabe von Buletten, Frikadellen oder Fleischpflanzl.*

Tiroler Leber

Zutaten für 2 Personen

1 große Zwiebel
1 kleiner säuerlicher Apfel
1 EL Butter
½ TL Majoran
Salz
schwarzer Pfeffer,
    frisch gemahlen

2 Scheiben Kalbsleber à 150 g
1 EL Mehl
1 EL Öl
30 g Speck in dünnen Scheiben
100 ml Fleischbrühe
2 EL Weißwein

Zubereitungszeit: 45 Minuten.

1. Die Zwiebel schälen, in feine Scheiben schneiden und diese in Ringe trennen. Den Apfel waschen, vierteln und in feine Scheibchen schneiden.

2. In einer Pfanne die Butter erhitzen, die Zwiebel darin bei schwacher Hitze dünsten. Die Apfelscheibchen später dazugeben und ebenfalls dünsten. Mit dem Majoran, Salz und Pfeffer würzen.

3. Die Leber mit Mehl einstauben. In einer zweiten Pfanne das Öl erhitzen und die Speckscheiben glasig braten, dann die Leber von beiden Seiten jeweils nur 2 bis 3 Minuten braten, mit Salz und Pfeffer würzen. Dann mit dem Speck herausnehmen und auf die Zwiebel-Apfel-Mischung legen.

4. Den Bratensatz der Leber mit der Fleischbrühe und dem Wein ablöschen, etwas einkochen lassen.

5. Die Leberscheiben auf vorgewärmten Tellern mit dem Zwiebel-Apfel-Gemisch anrichten, die Sauce getrennt dazu reichen.

Dazu passt Kartoffelbrei oder Bratkartoffeln.

Kremser Zwiebelfleisch

Zutaten für 2 Personen

2 mittelgroße Zwiebeln
1 Knoblauchzehe
1 Zweig Thymian
25 g Schweineschmalz
2 Rinderfilets à 150 g
Salz

schwarzer Pfeffer,
frisch gemahlen
1 EL Zitronensaft
50 ml Fleischbrühe
1 EL Tomatenmark

Zubereitungszeit: 40 Minuten.

1. Die Zwiebeln schälen, in Scheiben schneiden und diese in Ringe teilen. Die Knoblauchzehe schälen und sehr fein würfeln. Die Blättchen von den Thymianzweigen zupfen und hacken.

2. Die Hälfte vom Schmalz in einer Pfanne erhitzen, die Zwiebelringe darin hellgelb und weich braten.

3. Die Zwiebelringe aus der Pfanne nehmen und beiseitestellen. Das restliche Fett in dieser Pfanne erhitzen und die Fleischscheiben darin von beiden Seiten rasch scharf anbraten. Mit Salz, Pfeffer, dem Thymian, den Knoblauchwürfeln und dem Zitronensaft würzen und gardünsten.

4. Die Fleischscheiben aus der Pfanne nehmen und warmstellen. Den Bratenfond mit der Fleischbrühe ablöschen, das Tomatenmark unterrühren, die Zwiebeln wieder in die Pfanne geben und kurz darin erwärmen.

5. Das Fleisch auf vorgewärmten Tellern anrichten, das Zwiebelgemüse dazulegen und servieren.

Dazu passt Tomatensalat und Kartoffeln oder Nudeln.

Böhmischer Lungenbraten

Zutaten für 2 Personen

300 g Rinderfilet (Lungenbraten)
1 TL mittelscharfer Senf
Salz
25 g Speck in dünnen Scheiben
250 g Knollensellerie
2 mittelgroße Kartoffeln
1 Schalotte
1 kleine Petersilienwurzel

2 EL Öl
1/2 Glas Weißwein
1 Lorbeerblatt
5 Wacholderbeeren
Pfeffer
1/8 l Fleischbrühe
1/8 l Sahne

Zubereitungszeit: 1 Stunde.

1. Das Filet von eventuellen Fettfasern befreien. Mit dem Senf einreiben, salzen und mit den Speckscheiben umwickeln, diese mit einem Faden befestigen.

2. Den Sellerie, die Kartoffeln, die Schalotte und die Petersilienwurzel putzen, schälen und würfeln.

3. Den Backofen auf 200 °C vorheizen. Das Öl in einem Bräter erhitzen, das Filet rundherum anbraten, das Gemüse dazugeben und den Wein angießen. Die Gewürze hinzufügen, zudem mit Salz und Pfeffer würzen.

4. Den Topf verschließen und das Fleisch im Backofen 30 Minuten schmoren lassen.

5. Das Fleisch aus dem Bräter nehmen und warmstellen. Den Bratensatz mit der Fleischbrühe lösen, die Sahne hinzufügen und die Sauce etwas einkochen lassen, dann pürieren. Mit Salz und Pfeffer abschmecken.

6. Von dem Fleisch die Speckscheiben entfernen. In Scheiben schneiden und mit der Sauce servieren.

Dazu passt Preiselbeerkompott und Serviettenknödel.

Esterhazy-Rostbraten mit Wurzelgemüse

Zutaten für 2 Personen

1 Bund Suppengrün
1 Zwiebel
1 Knoblauchzehe
1 Zitrone, unbehandelt
1 TL Kapern
2 EL Butterschmalz
1/8 l Fleischbrühe
Salz

schwarzer Pfeffer,
   frisch gemahlen
2 Rumpsteaks à 150 g
1 TL mittelscharfer Senf
1 TL Paprikapulver, edelsüß
2 EL Madeira
100 ml saure Sahne

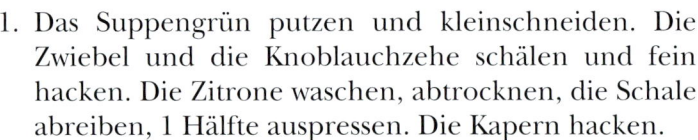

Zubereitungszeit: 1 Stunde.

1. Das Suppengrün putzen und kleinschneiden. Die Zwiebel und die Knoblauchzehe schälen und fein hacken. Die Zitrone waschen, abtrocknen, die Schale abreiben, 1 Hälfte auspressen. Die Kapern hacken.

2. In einer Pfanne die Hälfte vom Butterschmalz erhitzen. Das Suppengrün, die Zwiebel und die Knoblauchzehe darin dünsten, die Kapern, die Zitronenschale und den -saft mit der Fleischbrühe hinzufügen, alles gut verrühren, mit Salz und Pfeffer würzen und etwa 15 Minuten kochen lassen.

3. Das Fleisch leicht klopfen und mit dem Senf einreiben. Das restliche Butterschmalz in einer Pfanne stark erhitzen und die Fleischstücke von beiden Seiten scharf anbraten. Mit Salz, Pfeffer und dem Rosenpaprika würzen. Aus der Pfanne nehmen und warmstellen.

4. Die Gemüsesauce durch ein Sieb drücken, auffangen und die Sauce mit dem Madeira und der Sahne verfeinern und abschmecken.

5. Die Rumpsteaks auf vorgewärmten Tellern anrichten, dazu die Sauce reichen.

Steirischer Beizbraten

Zutaten für 2 Personen

Für die Beize:
¹/₈ l Weißwein, ¹/₄ l Wasser
50 ml Weißweinessig
5 Pfefferkörner
2 Gewürznelken
3 Wacholderbeeren
1 Lorbeerblatt
einige Zweige Thymian und
*   Rosmarin*
Salz
1 TL Zucker

Für den Braten:
350 g Roastbeef
1 TL mittelscharfer Senf
Salz
schwarzer Pfeffer,
*   frisch gemahlen*
50 g geräucherter Speck in
*   Scheiben*
80 g saure Sahne
¹/₂ EL Mehl
1 EL Preiselbeerkompott

Zubereitungszeit: 2 Stunden + 24 Stunden Marinierzeit.

1. Alle Zutaten für die Beize in einen Topf geben und aufkochen lassen, dann abkühlen lassen. Das Fleisch waschen, trockentupfen und in die Beize legen. 24 Stunden abgedeckt kühlstellen.

2. Das Fleisch herausnehmen, trockentupfen, mit Senf einreiben, salzen, pfeffern. Backofen auf 180 °C vorheizen. Die Beize durch ein Sieb gießen und auffangen.

3. Eine Kasserolle mit den Speckscheiben auslegen, das Fleisch darauflegen und etwa 1 Zentimeter hoch mit der Flüssigkeit umgießen. Die Kasserolle auf die unterste Schiene des Backofens stellen und das Fleisch in etwa 50 Minuten weichdünsten. Währenddessen immer wieder mit Flüssigkeit begießen. Wenn das Fleisch gar ist, herausnehmen und warmstellen.

4. Die Speckscheiben aus der Kasserolle nehmen. Die saure Sahne mit dem Mehl und dem Preiselbeerkompott verrühren und den Bratenfond damit lösen, die Sauce, falls erforderlich, passieren und abschmecken. Das Fleisch aufschneiden und mit der Sauce servieren.

Wiener Schnitzel

Zutaten für 2 Personen

1 Ei	2 Kalbschnitzel à 150 g
1 TL Milch	Salz
2 EL Mehl	Olivenöl
2 EL Semmelbrösel	1 Zitrone

Zubereitungszeit: 30 Minuten.

1. Das Ei mit der Milch gut verquirlen. Auf flachen Tellern das Ei, das Mehl und die Semmelbrösel verteilen.

2. Die Kalbschnitzel von beiden Seiten salzen, zunächst in dem Mehl wenden, dann von beiden Seiten durch das geschlagene Ei ziehen und zuletzt mit den Semmelbröseln panieren.

3. Maximal 1 Zentimeter hoch Olivenöl in einer Pfanne nicht zu stark erhitzen, die Schnitzel von jeder Seite knusprig braun braten, öfter wenden. Die Pfanne dabei ständig bewegen.

4. Die Schnitzel zuletzt auf Küchenkrepp abfetten lassen. Auf vorgewärmte Teller legen und mit Zitronenachteln garnieren.

Dazu passt Kartoffelsalat oder Bratkartoffeln und Feldsalat.

Weniger ist mehr *Diese Spezialität hat vom Wiener Kaiserhof aus fast die ganze Welt erobert. Wichtig für das perfekte Gelingen ist saftiges, sehr dünn geschnittenes Kalbfleisch von bester Qualität. Beilagen sind eigentlich verpönt. Und dazu gar eine Sauce zu reichen gilt als kulinarisches Verbrechen!*

Wiener Saftgulasch

Zutaten für 2 Personen

200 g Zwiebeln	*Salz*
300 g Wadfleisch	*schwarzer Pfeffer,*
20 g Schmalz oder Butterschmalz	*frisch gemahlen*
1 TL Paprikapulver, edelsüß	*1 EL Tomatenpüree*
½ TL Majoran	*⅛ l Rindfleischbrühe*

Zubereitungszeit: 1 Stunde.

1. Die Zwiebeln schälen und würfeln. Das Fleisch waschen, trockentupfen und ebenfalls in Würfel schneiden.

2. Die Hälfte vom Schmalz in einem Topf erhitzen, die Zwiebeln darin glasig dünsten und herausnehmen. In dem restlichen Fett das Fleisch knusprig braten.

3. Die Zwiebeln wieder zum Fleisch geben, alles mit dem Paprikapulver bestreuen, den Majoran hinzufügen, mit Salz und Pfeffer würzen, das Tomatenpüree unterrühren. Bei schwacher Hitze kochen lassen, bis das Fleisch weich ist, dabei immer wieder durchrühren und nach und nach Rindfleischbrühe angießen, damit das Fleisch nicht trocken wird. Zuletzt soll das Fleisch weich, die Sauce schön sämig sein und das Gericht eine rotbraune Farbe haben.

Dazu passt einfach Weißbrot oder Kartoffeln, Nudeln, Semmelknödel.

Tipp *Das Original muss unbedingt vom Rind sein. Das allerbeste Gulaschstück stammt aus der Wade, aber auch aus dem Bug oder der Schulter vom Rind kann gutes Gulaschfleisch geschnitten werden.*

Wiener Tafelspitz

Zutaten für 2 Personen

1 Bund Suppengrün	300 ml Fleischbrühe
½ Bund Petersilie	1 Lorbeerblatt
1 kleine Stange Lauch	5 Pfefferkörner
350 g Tafelspitz	Salz
(Schwanzstück vom Rind)	weißer Pfeffer, frisch gemahlen
1 EL Öl	1 Bund Schnittlauch

Zubereitungszeit: 1¼ Stunden.

1. Das Suppengrün putzen und kleinschneiden. Die Petersilie waschen, trockenschütteln, grob hacken. Den Lauch putzen, gut waschen, in Stücke schneiden. Das Fleisch waschen und trockentupfen.

2. Das Öl in einem Topf erhitzen, das Suppengrün, die Petersilie und den Lauch darin kurz andünsten. Die Fleischbrühe dazugießen und aufkochen lassen. Das Fleisch mit dem Lorbeerblatt und die Pfefferkörner in die heiße Brühe legen. Die Brühe salzen und pfeffern.

3. Das Fleisch etwa 45 Minuten kochen, den sich bildenden Schaum dabei immer wieder abschöpfen.

4. Den Schnittlauch waschen, trockenschütteln und in Röllchen schneiden.

5. Das Fleisch aus der Brühe nehmen, quer zur Faser in Scheiben schneiden. Die Scheiben auf vorgewärmte Teller legen, mit den Schnittlauchröllchen bestreuen und mit der heißen Brühe begießen.

Dazu passt Meerrettichsauce und Bratkartoffeln.

Zwei Stars   *Neben dem Wiener Schnitzel ist der Tafelspitz wohl das bekannteste Fleischgericht der österreichischen Küche.*

Mostgeschnetzeltes aus Niederösterreich

Zutaten für 2 Personen

1 kleine Zwiebel
1 Knoblauchzehe
300 g Schweinefleisch (Schulter)
1 ½ EL Öl oder Schweineschmalz
Salz
schwarzer Pfeffer, frisch gemahlen

70 ml Fleischbrühe
50 ml Most (Apfelwein)
¼ TL Thymian
2 EL Sahne

Zubereitungszeit: 45 Minuten.

1. Die Zwiebel und die Knoblauchzehe schälen und fein würfeln. Das Fleisch waschen, trockentupfen und in Streifen schneiden.

2. Das Fett in einer Pfanne erhitzen, das Fleisch darin rasch scharf anbraten, salzen und pfeffern, dann herausnehmen und warmhalten.

3. In dem Bratfett jetzt die Zwiebel- und Knoblauchwürfel hellbraun braten, mit der Fleischbrühe und dem Most ablöschen. Den Thymian und die Sahne unterrühren. Das Fleisch wieder in die Pfanne geben und bei schwacher Hitze in 20 Minuten garen. Mit Salz und Pfeffer abschmecken.

Dazu passt Reis oder Nudeln und Feldsalat.

Österreichisches Schlaraffenland

Niederösterreich, das größte Bundesland Österreichs, gilt als das Feinkostland dort. Es ist berühmt für Produkte wie Mohn, Spargel, Marillen und seinen wunderbaren Most.

Jungschweinbraten aus dem Waldviertel

Zutaten für 2 Personen

400 g Schweinefleisch mit Schwarte
½ TL Kümmel
1 Knoblauchzehe
1 TL scharfer Senf
Salz, 1 kleine Zwiebel
1 kleiner Apfel

schwarzer Pfeffer,
frisch gemahlen
1 EL Öl
1 Lorbeerblatt
½ TL Thymian
300 ml Fleischbrühe

Zubereitungszeit: 1 ¼ Stunden + 2 Stunden Marinierzeit.

1. Die Schwarte mit einem scharfen Messer rautenförmig einschneiden. Den Kümmel etwas zerhacken. Die Knoblauchzehe schälen und sehr fein würfeln, mit dem Senf, dem Kümmel und Salz vermengen. Das Fleisch damit von allen Seiten einreiben, in Alufolie wickeln und 2 Stunden ruhen lassen.

2. Zwiebel und Apfel schälen, in Scheiben schneiden.

3. Den Backofen auf 200 °C vorheizen. Den Schweinebraten aus der Folie nehmen. In einem Bräter mit der Schwartenseite nach unten anbraten, dann in dem sich bildenden Fett auch von allen anderen Seiten braten, salzen und pfeffern. Aus dem Bräter nehmen und warmstellen.

4. Das Öl in dem Bräter erhitzen, die Zwiebel- und Apfelscheiben darin andünsten, das Lorbeerblatt und den Thymian hinzufügen, alles verrühren und den Braten wieder in den Topf legen. Dann etwas von der Fleischbrühe dazugießen. Das Fleisch im Backofen auf der mittleren Schiene in etwa 45 Minuten garen, dabei immer wieder Brühe nachgießen.

5. Den fertigen Braten aus dem Backofen nehmen, warmstellen. Bratenfond mit etwas Brühe ablöschen, passieren, salzen, pfeffern und extra zum aufgeschnittenen Braten reichen.

Schweinsnieren mit Rotweinsauce

Zutaten für 2 Personen

2 Schweinsnieren à 150 g
2 kleine Zwiebeln
1 Knoblauchzehe
1 kleine rote Paprikaschote
1 Tomate
15 g Butter
Salz

schwarzer Pfeffer,
frisch gemahlen
200 ml Rotwein
100 ml Fleischbrühe
1 EL Sherry
2 EL Sahne

Zubereitungszeit: 40 Minuten.

1. Die Nieren aufschneiden, sehr gründlich säubern (weiße Teile und Sehnen entfernen) und gut waschen. Dann in feine Streifen schneiden.

2. Die Zwiebeln und die Knoblauchzehe schälen und beides fein hacken. Die Paprikaschote waschen, halbieren (die Kerne entfernen) und fein würfeln. Die Tomate kurz in heißes Wasser tauchen, enthäuten, vierteln, entkernen und fein schneiden.

3. Die Butter in einer Pfanne erhitzen, die Zwiebeln und den Knoblauch darin hellbraun braten, die Nieren dazugeben und unter ständigem Rühren 3 Minuten braten, salzen und pfeffern. Die Paprika- und Tomatenstücke unterrühren, den Rotwein und die Fleischbrühe dazugießen und bei schwacher Hitze alles kurz dünsten. Den Sherry und die Sahne unterrühren, mit Salz und Pfeffer abschmecken.

Dazu passt Weißbrot oder Salzkartoffeln bzw. Nudeln.

Desserts, Kuchen und Gebäck

Ein Bissen Nahrung entscheidet oft,
ob wir mit hohlem Auge
oder hoffnungsreich
in die Zukunft sehen.

Friedrich Nietzsche

Oft fehlt ja nur noch eine Kleinigkeit – und das Glück ist perfekt! Die österreichische Küche bietet auch für den süßen Hunger allzu Verführerisches. Die Auswahl an leichten bzw. auch üppigen Desserts, an traditionellen Kuchen und unwiderstehlichen Torten oder an knusprigem Kleingebäck zum Kaffee ist unerschöpflich.
Dabei fällt auf, dass eine besondere Zutat, nämlich der Mohn, sehr häufig eingesetzt wird und zu den schmackhaftesten Ergebnissen führt. Mohn erfreut sich aber nicht nur im Waldviertel, wo er bevorzugt angebaut wird, sondern in Gesamtösterreich wachsender Beliebtheit.
Hab ich Ihnen jetzt Appetit gemacht auf Mohnnudeln, Zwetschgenpofesen oder vielleicht Nussbusserl aus dem Burgenland?

Topfenpalatschinken

Zutaten für 2 Personen

40 g Mehl	**Für die Füllung und den Guss:**
70 ml Milch	2 EL Rosinen
30 ml Sahne	1 cl Rum
1 Ei	1 unbehandelte Zitrone
1 Prise Salz	2 Eier
1 TL Zucker	2 EL weiche Butter
1 EL Öl	40 g Zucker
1 EL Butter	1 Prise Salz
	200 g Quark (20 % Fett)
	3 EL Sahne
	Puderzucker zum Bestreuen

**Zubereitungszeit: 1 ½ Stunden
+ 1 Stunde Ruhezeit für den Teig.**

1. Das Mehl in einer Schüssel mit der Milch, der Sahne, dem Ei, der Prise Salz, dem Zucker und dem Öl gut verrühren. Den Teig etwa 1 Stunde ruhen lassen.

2. Für die Füllung die Rosinen mit dem Rum begießen und weichen lassen.

3. Den Teig gut durchrühren. In einer Pfanne (18 Zentimeter Durchmesser) 1 Esslöffel Butter zerlassen und nacheinander dünne Pfannkuchen backen, auf einen Teller schichten.

4. Für die Füllung die Zitrone waschen, abtrocknen und die Schale abreiben. 1 Ei in Eiweiß und Eigelb trennen. Das Eiweiß zu steifem Schnee schlagen.

5. 1 Esslöffel Butter mit 20 Gramm Zucker, der Prise Salz und der Zitronenschale schaumig rühren, dann das Eigelb, den Quark und die Rosinen dazugeben und alles gut verrühren. Den Eischnee unter die Quarkmasse ziehen.

6. Nun auf jeden Pfannkuchen in der Mitte einen dicken Quarkstreifen auftragen und beide Seiten darüberlegen.

7. Eine Auflaufform einfetten und die gefüllten Palatschinken mit der Öffnung nach unten in die Form legen. Den Backofen auf 200 °C vorheizen.

8. Für den Guss die Sahne mit dem restlichen Zucker, der restlichen Butter und dem verbliebenen Ei gut verquirlen, über die Palatschinken gießen. Die Auflaufform auf die mittlere Schiene des Backofens setzen und die Palatschinken in etwa 25 Minuten goldbraun backen. Herausnehmen, mit Puderzucker besieben und noch heiß servieren.

Palatschinken   *ist der österreichische Begriff für Pfannkuchen. Diese Variante mit der Füllung aus Quark (österreichisch: Topfen) gehört in Österreich auf jede Speisekarte. Sie sind leicht selbst zu machen – man braucht nur etwas Zeit und Geduld.*

Apfelkücherl

Zutaten für 2 Personen

1 unbehandelte Zitrone
2 mittelgroße Äpfel
25 g Zucker
1 cl Rum

Für den Teig:
100 g Mehl
1 Ei
70 ml Apfelsaft, 60 ml Weißwein
1 Prise Salz
¼ l Pflanzenöl
1 EL Zucker, 1 TL Zimt

**Zubereitungszeit: 40 Minuten
+ 30 Minuten Ruhezeit für den Teig.**

1. Die Zitrone waschen, abtrocknen und die Schale abreiben. Dann das Fruchtfleisch auspressen. Die Äpfel waschen und schälen, das Kernhaus herausstechen und die Äpfel in 1 Zentimeter dicke Scheiben schneiden. In einer Schüssel mit dem Zucker bestreuen, mit dem Zitronensaft und dem Rum beträufeln und durchziehen lassen.

2. Für den Teig das Mehl in eine Schüssel sieben, das Ei, den Apfelsaft und den Weißwein, das Salz und die Zitronenschale zugeben und alles zu einem dickflüssigen Teig verrühren und quellen lassen.

3. Das Öl in einer hohen Pfanne erhitzen (180 °C). Die Apfelscheiben abtropfen lassen, durch den Teig ziehen und in dem Fett von jeder Seite in etwa 2 bis 3 Minuten goldbraun backen. Herausnehmen und auf Küchenkrepp abtropfen lassen.

4. Den Zucker mit dem Zimt vermischen. Die Apfelkücherl auf Tellern anrichten, mit dem Zimtzucker bestreuen und sofort servieren.

Tipp   *Am besten geeignet sind leicht säuerliche Äpfel wie Cox Orange oder Braeburn.*

Birnen mit Preiselbeeren

Zutaten für 2 Personen

2 weiche Birnen
1 Zitrone
1 TL Butter
1 EL Zucker oder Honig

$^1/_4$ l Apfelsaft
50 g Preiselbeerkompott
100 ml Sahne

Zubereitungszeit: 30 Minuten.

1. Die Birnen schälen, halbieren und das Kerngehäuse herausstechen. Die Zitrone auspressen.

2. Die Butter in einer Pfanne zerlassen. Die Birnenhälften in die Pfanne geben, mit dem Zitronensaft beträufeln und den Zucker oder Honig gleichmäßig über die Birnen verteilen. Den Apfelsaft in die Pfanne schütten und die Birnen darin in etwa 15 Minuten dünsten. Dabei einmal wenden.

3. Die Birnen in dem Saft erkalten lassen, auf Teller legen. In die Mitte das Preiselbeerkompott geben. Die Sahne steifschlagen und dazu servieren.

Kärntner Gruß   *Dieses Rezept stammt aus dem Drautal in Kärnten.*

Wiener Wäschermädel

Zutaten für 2 bis 3 Personen

Für den Teig:
2 Eier
$\frac{1}{8}$ l Milch
120 g Mehl
1 Prise Salz
$\frac{1}{2}$ Glas Weißwein
20 g Zucker
2 EL Pflanzenöl
500 g Butterschmalz zum Ausbacken

Für die Sauce:
150 g reife Aprikosen
2 EL Wasser
2 EL Zitronensaft
20 g Zucker
$\frac{1}{2}$ Stange Zimt

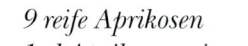

Für die Wäschermädel:
9 reife Aprikosen
1 cl Aprikosengeist
1 EL Puderzucker
100 g Marzipan
1 cl Amaretto
etwas Mehl zum Bestreuen
etwas Puderzucker zum Bestreuen

Zubereitungszeit: 45 Minuten
              + 30 Minuten Ruhezeit für den Teig.

1. Für den Teig die Eier in Eiweiße und Eigelbe trennen.

2. Die Milch mit dem Mehl, dem Salz, dem Weißwein, dem Zucker und dem Öl gut verschlagen. Die Eigelbe einrühren und den Teig ruhen lassen.

3. Die Aprikosen auf-, aber nicht durchschneiden. Die Kerne entfernen. Die Aprikosen aufgeklappt auf einen Teller legen, mit dem Aprikosengeist beträufeln und mit dem Puderzucker bestreut ziehen lassen.

4. Das Marzipan mit dem Amaretto verkneten, zu einer Rolle formen, 9 Scheiben abschneiden und kleine Kugeln daraus formen.

5. Für die Sauce die Aprikosen in dem Wasser mit dem Zitronensaft, dem Zucker und der halben Zimtstange weichkochen. Die Zimtstange entfernen und die Früchte pürieren.

6. Die Aprikosen auf Küchenkrepp abtropfen lassen, mit den Marzipankugeln füllen, zuklappen und festdrücken.

7. Die Eiweiße steifschlagen und nach der Ruhezeit unter den Teig rühren. Das Schmalz in einem Topf oder einer hohen Pfanne stark erhitzen.

8. Die Aprikosen etwas mit Mehl bestreuen, durch den Backteig ziehen und in dem heißen Fett goldgelb ausbacken, mit einer Schaumkelle herausnehmen, auf Küchenkrepp abfetten lassen und mit Puderzucker bestreuen. Mit der Aprikosensauce servieren.

Tipp *Auch eine Vanillesauce passt hervorragend zu diesem Dessert.*

Brotauflauf mit Mohn – Piggale

Zutaten für 2 Personen

*200 g mürbes Weißbrot
   oder Reindling
   (Rezept siehe Seite 128)
100 g gemahlener Mohn
2 EL Zucker
¼ l Apfel- oder Pflaumensaft
2 EL Birnengeist*

Zubereitungszeit: 20 Minuten + 3 Stunden Kühlzeit.

1. Das Weißbrot oder den Reindling in dünne Scheiben schneiden. Den Mohn mit dem Zucker vermengen.

2. Das Weißbrot lagenweise in eine flache Form legen und jede Schicht mit der Mohnmischung bestreuen, mit Weißbrot abschließen.

3. Den Saft mit dem Birnengeist vermischen und über das Brot gießen. Die Masse etwas beschweren, kühlstellen und ruhen lassen.

4. Den »Auflauf« auf Teller verteilen und nach Wunsch mit etwas halbfest geschlagener Sahne servieren.

Ländliche Tradition *Dieser Brotauflauf ist in bäuerlichen Familien immer schon vor allem zu Weihnachten gern gegessen worden. Das Dessert gilt als ebenso einfach wie köstlich.*

Mohnnudeln

Zutaten für 2 Personen

250 g mehlig kochende	*1 EL Butter*
Kartoffeln	*100 g gemahlener Mohn*
25 g Butter	*25 g Zucker*
1 Prise Salz	*1 EL Honig*
1 Ei	*Puderzucker zum Bestreuen*
75 g Mehl	

Zubereitungszeit: 1 Stunde
            + 30 Minuten Ruhezeit für den Teig.

1. Die Kartoffeln schälen, kochen und passieren.

2. Den Kartoffelteig mit der Butter, dem Salz, dem Ei und dem Mehl verkneten. Ein fester Teig soll entstehen. Wenn er zu weich ist, etwas Milch unterkneten. Den Teig ruhen lassen.

3. Aus dem Teig Rollen von 2 Zentimeter Durchmesser formen und dünne Scheiben davon abschneiden. Diese Scheibchen mit den Handflächen zu Nudeln formen.

4. Reichlich Salzwasser zum Kochen bringen, die Nudeln darin so lange mehr ziehen als kochen lassen, bis sie an die Oberfläche kommen. Dann abseihen und mit kaltem Wasser überschütten.

5. Den Backofen auf 180 °C vorheizen. In einer ofenfesten Pfanne, in der die Nudeln später Platz haben, die Butter leicht anbräunen, den Mohn und den Zucker einrühren. Die Nudeln darin wenden, den Honig darübergießen. Die Nudeln auf der mittleren Schiene in den Backofen stellen und den Honig karamellisieren lassen. Herausnehmen und mit Puderzucker bestreut servieren.

Salzburger Nockerln

Zutaten für 2 bis 3 Personen

1 unbehandelte Zitrone　　　　*20 g Mehl*
3 Eiweiße　　　　　　　　　　*1 EL Butter für die Form*
30 g Zucker　　　　　　　　　*1 EL Puderzucker*
2 Eigelbe

Zubereitungszeit: 30 Minuten.

1. Die Zitrone waschen, abtrocknen und die Schale ab-reiben. Die Eiweiße in einer möglichst großen Schüssel zu sehr festem Schnee schlagen und den Zucker nach und nach einrieseln lassen.

2. Die Eigelbe an der Seite in die Schüssel geben, zunächst nur mit etwas Eiweiß am Rand zu einer glatten Masse verrühren. Dann das Mehl auf die gesamte Eiweißmasse sieben, die Zitronenschale dazugeben und alles schnell mit einem Schneebesen vermengen. Der Eischnee sollte möglichst wenig Volumen verlieren.

3. Den Backofen auf 220 °C vorheizen. In einer Auflaufform 1 Esslöffel Butter zerlassen. Mit einem Teigschaber große Nockerln von der Eiweißmasse abstechen und nebeneinander in die Form setzen. Die Form auf die mittlere Schiene des Backofens stellen und die Nockerln in 2 bis 4 Minuten schön hellbraun backen. Herausnehmen, mit dem Puderzucker bestauben und sofort servieren.

Salzburger Geschichten *Salzburg wäre ohne diesen kulinarischen Dessert-Höhepunkt vielleicht nicht ganz so bekannt. Angeblich hat ihn Salome Alt, die Mätresse des Fürstbischofs Dietrich von Raithenau, erfunden. Seine Dankbarkeit dafür erwies er ihr angeblich mit dem Schloss Mirabell, das er ihr schenkte.*

Tiroler Kaiserschmarrn

Zutaten für 2 Personen

1 unbehandelte Zitrone
3 Eier
1 Prise Salz
25 g Zucker
2 EL Milch
50 g Mehl
20 g Rosinen
1 EL Butter
Puderzucker zum Bestauben

Zubereitungszeit: 40 Minuten.

1. Die Zitrone waschen, abtrocknen und die Schale abreiben. 2 Eier trennen, die beiden Eigelbe mit dem
   ganzen Ei in einer Schüssel mit der Prise Salz, dem
   Zucker, der Milch und dem Mehl gut verrühren, die
   Rosinen untermengen.

2. Die Eiweiße zu festem Schnee schlagen. Locker und
   zügig so unter den Teig heben, dass noch Eiweißflo-
   cken zu sehen sind.

3. In einer möglichst gusseisernen Pfanne die Butter
   zerlassen und den Teig in die Pfanne füllen, glattstreichen und von unten backen. Dann mit zwei Gabeln
   den Teig auseinanderreißen und in Stücke zupfen,
   diese Teigstücke unter Wenden dann von allen Seiten
   bräunen. Mit Puderzucker bestauben und noch heiß
   servieren.

Grießnockerln mit Butterbröseln

Zutaten für 2 Personen

1 unbehandelte Zitrone
½ Vanilleschote
160 ml Milch
40 g Butter
10 g Zucker

10 g Vanillezucker
1 Prise Salz
40 g Grieß
1 Ei

Für die Butterbrösel:
2 EL Butter
40 g Semmel- oder Zwiebackbrösel
2 EL Vanillezucker

Zubereitungszeit: 35 Minuten
+ 2 Stunden Kühlzeit für den Teig.

1. Die Zitrone waschen, abtrocknen und die Schale abreiben. Die Vanilleschote aufschneiden und das Mark mit einem Messer herausschaben.

2. In einem Topf die Milch mit der Butter, dem Zucker, dem Vanillezucker, dem Vanillemark und der Prise Salz aufkochen. Den Grieß einrühren und bei mittlerer Hitze so lange rühren, bis sich die Masse vom Topf löst.

3. Kurz abkühlen lassen, dann das Ei und die Zitronenschale unterrühren. Den Teig 2 Stunden kühlstellen.

4. Reichlich Wasser zum Kochen bringen. Aus dem Teig kleine Knödel formen und in dem Wasser mehr ziehen als kochen lassen, bis sie an die Oberfläche kommen.

5. Für die Brösel die Butter schmelzen, die Semmelbrösel und den Vanillezucker einrühren. Die fertigen Knödel in den Bröseln wälzen und mit Früchten der Saison oder Obstkompott servieren.

Zwetschgenpofesen

Zutaten für 2 Personen

4 Scheiben Weißbrot vom Vortag, etwa 1 cm dick	1 EL Zucker
	1 Prise Salz
100 g Zwetschgenmus	1 Ei
½ Vanilleschote	3 EL Semmelbrösel
⅛ l Milch	30 g Butterschmalz
½ Päckchen Vanillezucker	½ TL Zimt

Zubereitungszeit: 30 Minuten + 30 Minuten Ruhezeit.

1. Die Weißbrotscheiben entrinden. Zwei Scheiben dick mit dem Zwetschgenmus bestreichen, die anderen Scheiben darüberlegen. In eine flache Auflaufform nebeneinanderlegen und 30 Minuten durchziehen lassen.

2. Die Vanilleschote aufschlitzen, das Mark mit einem Messer herauskratzen. Die Milch mit dem Vanillemark, dem Vanillezucker, einem halben Esslöffel Zucker, Salz und dem Ei verrühren. Die Eiermilch über die Brotscheiben gießen, etwas ziehen lassen.

3. Die Brotscheiben abtropfen lassen, in den Semmelbröseln wenden.

4. Das Schmalz in einer Pfanne erhitzen und die Pofesen von beiden Seiten goldbraun braten, herausnehmen und kurz abtropfen lassen.

5. Den restlichen Zucker mit dem Zimt mischen. Die Pofesen auf Teller legen, mit dem Zimtzucker bestreuen und sofort servieren.

Dazu passt Vanillesauce oder Fruchtmark.

Pofesen *sind die böhmische Variante der bayerischen Bavesen, auch bekannt als Arme Ritter – hier in einer fruchtigen Version.*

Mohren im Hemd

Zutaten für 2 Personen

2 Eier
60 g Butterkekse oder Zwieback
70 g bittere Schokolade
50 g Butter
40 g Puderzucker
½ TL Backpulver

50 g gemahlene Haselnüsse
Butter und gemahlene Hasel-
nüsse für die Förmchen
⅛ l Sahne
2 EL Milch

Zubereitungszeit: 40 Minuten.

1. Die Eier trennen. Die Kekse oder den Zwieback in einer Tüte mit dem Rollholz fein zerbröseln. Die Schokolade (1 Rippe zurückbehalten) fein reiben.

2. Die Butter mit Puderzucker und Eigelben schaumig rühren. Backpulver, Keksbrösel, Nüsse unterrühren.

3. Die Eiweiße zu steifem Schnee schlagen und mit der geriebenen Schokolade zügig unter den Teig rühren, der Eischnee sollte möglichst viel Volumen behalten.

4. Auflaufförmchen ausfetten, mit den Nüssen ausstreuen und jeweils zu drei Vierteln mit Teigmasse füllen.

5. Backofen auf 180 °C vorheizen. Die Förmchen in eine Bratreine stellen und so viel Wasser in die Reine gießen, dass die Förmchen bis zur Hälfte darin stehen. Mit Alufolie abdecken, Reine in den Ofen schieben und die »Mohren« in etwa 30 bis 40 Minuten garen.

6. Für die Sauce (sie sollte dickflüssig werden!) restliche Schokolade mit der Hälfte der Sahne und der Milch in einem Topf schmelzen. Restliche Sahne steifschlagen.

7. Die Förmchen aus der Reine nehmen, kurz abkühlen lassen. Die »Mohren« dann auf Teller stürzen (den Rand zuvor mit einem Messer lösen), mit der Schokoladensahne überziehen und mit der geschlagenen Sahne garniert servieren.

Hollerkücherl

Zutaten für 2 Personen

2 Holunderblütendolden	50 g Mehl
1 Ei	1 EL Puderzucker
1 EL Zitronensaft	500 g Pflanzenöl oder Butter-
70 ml Milch	schmalz zum Ausbacken
1 Prise Salz	Puderzucker zum Bestreuen

Zubereitungszeit: 30 Minuten
+ 30 Minuten Ruhezeit für den Teig.

1. Die Holunderblüten waschen und abtropfen lassen. Das Ei trennen.

2. Das Eigelb mit dem Zitronensaft, der Milch, der Prise Salz und dem Mehl zu einem dicklichen Teig verrühren. Den Teig 30 Minuten ruhen lassen.

3. Das Eiweiß zu steifem Schnee schlagen, dabei den Puderzucker einrieseln lassen, unter den Teig ziehen.

4. Das Fett in einer hohen Pfanne stark erhitzen. Die Holunderblütendolden in den Teig tauchen, nacheinander in das heiße Fett geben und goldbraun backen. Auf Küchenkrepp abfetten lassen. Mit Puderzucker bestreut servieren.

Kulinarische Seltenheit   *Gebackene Holunderblüten, im Burgenland auch Hollerschöberl genannt, findet man selten auf heimischen Speisekarten. Ein Grund mehr, dieses ungewöhnliche und äußerst köstliche Gericht daheim zuzubereiten. Die Hauptblüte- und damit Erntezeit für die wundervoll duftenden Dolden liegt zwischen Mitte Mai und Mitte Juli, je nach Gegend. Möglichst in verkehrsarmen oder autofreien Gegenden ernten!*

Reindling

Zutaten für eine Gugelhupf- oder Springform von 26 cm Ø

¹/₄ l Milch
25 g Hefe
500 g Mehl
1 unbehandelte Zitrone
3 Eigelbe
80 g Zucker
1 Prise Salz
1 Päckchen Vanillezucker

60 g Butter
etwas Butter für die Form

Für die Füllung:
70 g Butter
80 g Rosinen
50 g Zucker
2 TL Zimt

Zubereitungszeit: 1 Stunde + 1 ½ Stunden Zeit zum Gehen des Teigs.

1. Von der Milch 3 Esslöffel abnehmen und erwärmen, mit der Hefe und etwas Mehl zu einem dickflüssigen Teig verrühren. Diesen Vorteig mit Mehl bestauben und warmstellen, bis er deutlich aufgegangen ist und Blasen zeigt.

2. Die Zitrone waschen, abtrocknen und die Schale abreiben. Das Mehl mit dem Vorteig, den restlichen Zutaten und der Zitronenschale gut verkneten, zugedeckt warmstellen und gehen lassen.

3. Für die Füllung die Butter schmelzen. Den Teig wieder gut kneten, ausrollen und mit der Butter bestreichen. Die Rosinen gleichmäßig auf dem Teig verteilen, mit dem Zucker und dem Zimt bestreuen, zu einer Rolle formen.

4. Den Backofen auf 160 °C vorheizen. Eine Gugelhupfform gut mit Butter ausstreichen. Die Teigrolle mit der Öffnung nach unten in die Form legen und erneut gehen lassen.

5. Den Reindling auf der mittleren Schiene des Backofens in etwa 30 Minuten hellbraun backen.

Aprikosenkuchen

Zutaten für 1 Backblech

1 unbehandelte Zitrone
150 g Puderzucker
2 Eier
1 Päckchen Vanillezucker
100 ml Pflanzenöl
1 EL Rum

1 Prise Salz
300 g Mehl
1 Päckchen Backpulver
100 g saure Sahne
500 g Aprikosen
etwas Öl für das Blech

Zubereitungszeit: 1 Stunde.

1. Die Zitrone waschen, abtrocknen und die Schale abreiben.

2. Den Puderzucker mit den Eiern und dem Vanille-zucker gründlich verrühren. Dann das Öl, den Rum, das Salz und die Zitronenschale untermengen.

3. Das Mehl mit dem Backpulver vermischen und zu der Eimasse geben. Zuletzt die saure Sahne unterrühren. Den Backofen auf 175 °C vorheizen.

4. Die Aprikosen waschen, halbieren und die Kerne ent-fernen.

5. Das Backblech einfetten. Die Teigmasse auf dem Blech verstreichen. Die halbierten Aprikosen gleich-mäßig darauf verteilen und den Kuchen auf der mitt-leren Schiene des Backofens in 45 Minuten gold-braun backen.

Marillenfleck *ist der korrekte Name für diese Mehl-speise. Die berühmten Wachauer Marillen werden gerne auch zu Marmelade oder Saft verarbeitet, sind die Grund-lage für edlen Marillengeist oder spielen für Kuchen und Desserts eine wichtige Rolle.*

Linzer Torte

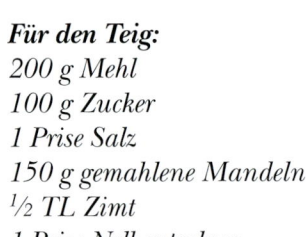

Zutaten für eine Springform von 26 cm Ø

Für den Teig:
200 g Mehl
100 g Zucker
1 Prise Salz
150 g gemahlene Mandeln
½ TL Zimt
1 Prise Nelkenpulver
1 Ei
50 g Biskuitbrösel

200 g kalte Butter
etwas Butter für die Form

Für die Füllung:
250 g Himbeermarmelade
3 EL Himbeergeist oder
    Cognac
1 Eigelb zum Bestreichen

Zubereitungszeit: 1 Stunde 15 Minuten
**   + 30 Minuten Ruhezeit für den Teig.**

1. Das Mehl auf eine Arbeitsfläche sieben, in die Mitte eine Mulde drücken und den Zucker, das Salz, die Mandeln, die Gewürze, das Ei und die Biskuitbrösel hineingeben. Die Butter in Stückchen schneiden und auf den Mehlrand legen. Von außen nach innen mit kalten Händen rasch einen glatten Mürbteig kneten. Zugedeckt 30 Minuten kühlstellen.

2. Die Springform ausfetten. Zwei Drittel des Teigs auf der bemehlten Arbeitsfläche in Größe des Tortenbodens ausrollen, in die Form legen und einen 2 Zentimeter hohen Rand bilden.

3. Die Marmelade mit dem Himbeergeist oder dem Cognac verrühren und auf den Teigboden streichen. Den Backofen auf 190 °C vorheizen.

4. Den restlichen Teig ausrollen und daraus 2 Zentimeter breite und 26 Zentimeter lange Streifen schneiden. Diese Streifen gitterförmig über die Füllung legen. Das Eigelb verquirlen und die Teigstreifen damit bestreichen. Die Torte auf der mittleren Schiene des Backofens in etwa 35 bis 40 Minuten hellbraun backen.

Altwiener Faschingskrapfen

Zutaten für 10 Krapfen

20 g Hefe
5–7 EL Milch
200 g Mehl
1 Prise Salz
2 EL Zucker
2 Eigelbe
40 g weiche Butter

etwas Mehl für das Blech
2 kg Kokosfett
   zum Ausbacken
150 g Aprikosenmarmelade
Puderzucker oder Zucker zum
   Bestreuen

**Zubereitungszeit: 45 Minuten + mindestens 1 ½ Stunden
Zeit zum Gehen des Teigs.**

1. Die Hefe mit 2 Esslöffel lauwarmer Milch auflösen.

2. Das Mehl mit der aufgelösten Hefe, dem Salz, dem Zucker, der restlichen Milch, den Eigelben und der Butter gründlich zu einem festen Teig verkneten. Zugedeckt an einem warmen Ort so lange ruhen lassen, bis er sein Volumen deutlich vergrößert hat.

3. Ein Backblech mit Mehl ausstauben. Den Teig wieder mehrfach sehr gut durchkneten, zu einer Rolle formen und in 10 gleich große Scheiben schneiden. Aus den Scheiben mit bemehlten Händen Kugeln formen, mit einem Tuch abdecken und wieder so lange gehen lassen, bis die Kugeln ihr Volumen deutlich vergrößert haben.

4. Das Kokosfett in einem Topf erhitzen und die Krapfen nach und nach in das heiße Fett legen. Zunächst zugedeckt von einer Seite etwa 3 Minuten backen, dann wenden und im offenen Topf nochmals 4 Minuten backen. Sie sollten dann goldbraun sein und in der Mitte einen hellen Rand haben. Mit einer Schaumkelle aus dem Fett heben und auf Küchenkrepp abfetten und abkühlen lassen. Dann mit der Aprikosenmarmelade füllen und Zucker bestreuen.

Waldviertler Mohngugelhupf

Zutaten für eine Gugelhupfform von 26 cm Ø

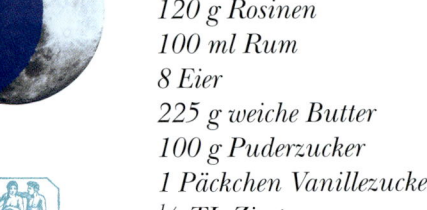

120 g Rosinen
100 ml Rum
8 Eier
225 g weiche Butter
100 g Puderzucker
1 Päckchen Vanillezucker
½ TL Zimt

1 Prise Salz
70 g Zucker
150 g gemahlener Mohn
150 g gemahlene Haselnüsse
etwas Butter und Mehl
  für die Form
Puderzucker zum Bestreuen

Zubereitungszeit: 1 ½ Stunden.

1. Die Rosinen im Rum einweichen. Die Eier trennen.

2. Die Butter mit dem Puderzucker, dem Vanillezucker, dem Zimt und der Prise Salz cremig rühren. Die Eigelbe nach und nach vorsichtig einrühren.

3. Die Eiweiße mit dem Zucker steif schlagen. Ein Drittel vom Eischnee mit der Eigelbmasse vorsichtig vermischen.

4. Den restlichen Eischnee, den Mohn, die Nüsse und die Rosinen vermengen und dann mit einem Schneebesen vorsichtig unter die Eigelbmasse rühren – von dem Eiweiß sollte möglichst viel Volumen erhalten bleiben. Den Backofen auf 180 °C vorheizen.

5. Die Backform mit Butter ausfetten und mit etwas Mehl ausstreuen. Die Nuss-Mohn-Masse in die Form füllen und glattstreichen. Die Form auf dem Rost auf der unteren Schiene etwa eine Stunde backen. Wenn die Oberfläche zu dunkel wird, mit Backpapier abdecken.

6. Den Gugelhupf herausnehmen, in der Form auskühlen lassen. Dann stürzen und mit Puderzucker bestreut servieren.

Hefenapfkuchen mit Mandeln

Zutaten für eine Gugelhupfform von 22 cm Ø

1 unbehandelte Zitrone
⅛ l lauwarme Milch
20 g Hefe
70 g Rosinen
1 EL Weinbrand
300 g Mehl
70 g Zucker
80 g weiche Butter

1 Päckchen Vanillezucker
4 Eigelbe
1 Prise Salz
etwas Butter und Mehl
  für die Form
15 ganze geschälte Mandeln
1 EL Puderzucker

Zubereitungszeit: 1 Stunde 15 Minuten + 1 Stunde Zeit zum Gehen des Teigs.

1. Die Zitrone waschen, abtrocknen und die Schale abreiben. In 3 Esslöffel Milch die Hefe auflösen. Die Rosinen in dem Weinbrand einweichen.

2. Das Mehl in einer Schüssel mit dem Zucker, der Butter, dem Vanillezucker, den Eigelben, dem Salz und der aufgelösten Hefe zu einem geschmeidigen Teig verkneten. Zugedeckt an einem warmen Ort so lange gehen lassen, bis sein Volumen deutlich vergrößert ist.

3. Die Rosinen abtropfen lassen. Den Teig gründlich durchkneten und noch einmal gehen lassen. Die Backform einfetten und mit Mehl ausstreuen. Die Mandeln in die Vertiefungen der Form legen.

4. Die Rosinen unter den Teig ziehen und diesen noch einmal gründlich kneten. Den Teig in die Form füllen, die Oberfläche glattstreichen und wieder gehen lassen. Den Backofen auf 200 °C vorheizen.

5. Die Form auf dem Rost auf der unteren Schiene etwa 45 Minuten backen.

6. Den Kuchen in der Form auskühlen lassen, stürzen und mit Puderzucker bestreut servieren.

Mohntorte aus dem Burgenland

Zutaten für eine Springform von 24 cm Ø

4 Eier
125 g weiche Butter
100 g Zucker
25 g Zitronat
25 g Orangeat
etwas Butter und Mehl für die Form
50 g Puderzucker
150 g gemahlener Mohn
Puderzucker zum Bestreuen

Zubereitungszeit: 1 ½ Stunden.

1. Die Eier trennen. Die Butter mit dem Zucker und den Eigelben weißcremig rühren und das Zitronat mit dem Orangeat hinzufügen, alles gut verrühren.

2. Den Backofen auf 180 °C vorheizen. Die Backform mit Butter ausfetten und mit Mehl ausstreuen, überschüssiges Mehl ausschütten.

3. Die Eiweiße zu steifem Schnee schlagen, dabei den Puderzucker einrieseln lassen. Den Eischnee und den Mohn vorsichtig unter die Eigelbmasse ziehen – der Eischnee sollte nicht zu viel von seinem Volumen verlieren. Die Masse in die Form füllen und den Kuchen auf der mittleren Schiene des Backofens etwa 1 Stunde backen.

4. Den Kuchen in der Form auskühlen lassen, stürzen und mit Puderzucker bestreut servieren.

Nussbusserl aus dem Burgenland

Zutaten für etwa 45 Stück

2 Eier
1 unbehandelte Zitrone
100 g weiche Butter
100 g Puderzucker
200 g Mehl
$^1/_2$ Päckchen Backpulver
$^1/_8$ l Milch
200 gemahlene Walnüsse oder Haselnüsse
100 g feine Haferflocken

Zubereitungszeit: 1 Stunde.

1. Die Eier in Eigelbe und Eiweiße trennen. Die Zitrone waschen, abtrocknen und die Schale abreiben.

2. Die Butter mit dem Puderzucker und den Eigelben cremig rühren. Das Mehl mit dem Backpulver vermischen und mit der Milch, den Nüssen und den Haferflocken in den Teig rühren. Die Eiweiße zu Eischnee schlagen und diesen unterheben. Ein Backblech mit Backpapier auslegen. Den Backofen auf 160 °C vorheizen.

3. Von der Teigmasse mit einem nassen Löffel kleine Häufchen abstechen und auf das Backpapier setzen. Auf der mittleren Schiene des Backofens in etwa 30 Minuten hellbraun backen.

Wiener Apfelstrudel

Zutaten für 2 Strudel

Für den Teig:	*Für die Füllung:*
250 g Mehl	1 unbehandelte Zitrone
2 EL Öl	80 g Rosinen
1 Ei	2 EL Weinbrand
1 Prise Salz	1 kg Äpfel
⅛ l lauwarmes Wasser	80 g gestiftelte Mandeln oder
etwas Öl zum Bestreichen	gehackte Haselnüsse
etwas Mehl zum Bestauben	100 g Zucker
2 EL Butter zum Bestreichen	½ TL Zimt
etwas Butter für die Form	250 g saure Sahne
Puderzucker zum Bestreuen	

Zubereitungszeit: 1 ½ Stunden + 30 Minuten Ruhezeit.

1. Das Mehl auf eine Arbeitsfläche sieben, in die Mitte eine Mulde drücken. Das Öl, das Ei, das Salz und das Wasser hineingeben und alles zu einem glatten Teig verarbeiten. Wenn der Teig zu fest ist, noch etwas Wasser hinzufügen, ist er zu dünn, etwas Mehl dazugeben. Den Teig mehrfach durchkneten und immer wieder kräftig auf die Arbeitsfläche werfen. Den Teig zu einer Kugel formen, halbieren, mit Öl bestreichen und abgedeckt ruhen lassen.

2. Für die Füllung die Zitrone waschen, abtrocknen, die Schale abreiben, dann die Frucht auspressen. Die Rosinen in dem Weinbrand einweichen. Die Äpfel schälen, vierteln, vom Kerngehäuse befreien, in dünne Scheibchen schneiden und in eine Schüssel legen. Mit dem Zitronensaft beträufeln. Die Rosinen abtropfen lassen. Die Rosinen, die Zitronenschale, die Mandeln, den Zucker, den Zimt und die saure Sahne gut mit den Äpfeln vermengen. Den Backofen auf 180 °C vorheizen.

3. Ein Küchentuch mit Mehl bestauben. Eine Teighälfte auf der bemehlten Arbeitsfläche zu einem Rechteck ausrollen, dann über dem Handrücken nach allen Seiten vorsichtig so dünn wie möglich ausziehen und den Teig auf das Handtuch legen. Dicke Ränder abschneiden und eventuelle Löcher damit »stopfen«. Die Butter schmelzen und mit einem Teil davon die Teigplatte bestreichen. Eine Auflaufform, in der zwei Strudel nebeneinander Platz haben, ausfetten (die Strudel können ersatzweise auch auf einem Backblech mit Backpapier gebacken werden).

4. Die Hälfte der Füllung auf der Teigplatte gleichmäßig verteilen, 2 Zentimeter breite Ränder frei lassen. Die Ränder einklappen und den Strudel mit Hilfe des Küchentuchs aufrollen. Mit dem Tuch anheben und in die Form bzw. auf das Backblech rollen lassen.

Mit der zweiten Teighälfte ebenso verfahren. Die Strudel mit der restlichen Butter einpinseln und auf der mittleren Schiene des Backofens in etwa 50 Minuten goldbraun backen. Herausnehmen und mit dem Puderzucker bestreuen.

Tipp *Warm und solo schmeckt der Apfelstrudel vorzüglich, mit Vanillesauce oder Vanilleeis dazu wird er zu einem vielfach geschätzten Hochgenuss.*
Wem das Ausziehen des Teigs – er sollte so dünn sein, dass man hindurchsehen kann – zu mühsam ist oder wer die Geduld für die Zubereitung nicht aufbringt, kann auch auf fertigen Strudelteig zurückgreifen.

Mohnzelte

Zutaten für etwa 7 Stück

*150 g mehlig kochende
    Kartoffeln*
125 g weiche Butter
250 g Mehl
2 Eier
1 EL Sahne
¼ TL Salz

Für die Füllung:
50 g weiche Butter
100 g gemahlener Mohn
80 g Zucker
½ Päckchen Vanillezucker
½ TL Zimt

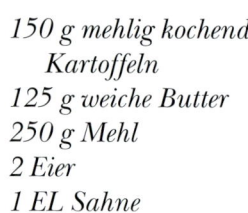

Zubereitungszeit: 1 ½ Stunden.

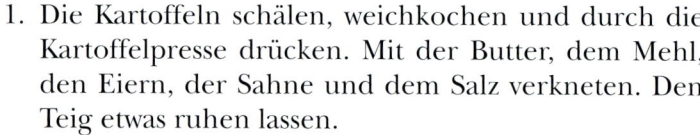

1. Die Kartoffeln schälen, weichkochen und durch die Kartoffelpresse drücken. Mit der Butter, dem Mehl, den Eiern, der Sahne und dem Salz verkneten. Den Teig etwas ruhen lassen.

2. Für die Füllung die Butter mit dem Mohn, dem Zucker, dem Vanillezucker und dem Zimt vermengen.

3. Den Backofen auf 200 °C vorheizen. Ein Backblech mit Backpapier auslegen.

4. Aus dem Kartoffelteig eine Rolle mit etwa 5 Zentimeter Durchmesser formen, in Scheiben schneiden und die Scheiben etwas flachdrücken. In die Mitte jeder Scheibe 1 Esslöffel Füllung geben und die Scheibe um die Füllung herum zu einer Kugel formen, diese wieder ein wenig flachdrücken. Nebeneinander auf das Backblech setzen und auf der mittleren Schiene des Backofens in etwa 8 bis 10 Minuten hellbraun backen.

Tipp   *Frisch gemahlenen Mohn bekommt man in Bioläden oder Reformhäusern.*

Ischler Mandelschnitten

Zutaten für etwa 40 Stück

1 unbehandelte Zitrone	***Für den Guss:***
1 Ei	*250 g Kuvertüre*
200 g weiche Butter	*40 ganze Mandeln*
120 g Zucker	*1 EL Zucker für die Mandeln*
270 g Mehl	
150 g Himbeermarmelade	
180 g ungeschält gemahlene Mandeln	

Zubereitungszeit: 2½ Stunden
+ 1 Stunde Kühlzeit für den Teig.

1. Die Zitrone waschen, abtrocknen und die Schale abreiben. Das Ei in Eigelb und Eiweiß trennen.

2. Die Butter mit dem Zucker, der Zitronenschale und dem Eigelb vermengen, die Mandeln und das Mehl unterrühren, alles zu einem glatten Teig verkneten. Eine Stunde kühlstellen.

3. Den Backofen auf 180 °C vorheizen. Den Teig ausrollen und Stücke von etwa 4 mal 2 Zentimeter ausschneiden. Auf das ungefettete Blech legen und auf der mittleren Schiene des Backofens in etwa 12 Minuten hellgelb backen.

4. Die Marmelade erwärmen, damit sie sich besser verstreichen lässt, und auf die Hälfte der Schnitten streichen. Je zwei Schnitten zusammensetzen.

5. Die Kuvertüre im Wasserbad auflösen. Die Schnitten auf einer Seite eintauchen und auf einem Kuchengitter abtropfen lassen.

6. Das Eiweiß etwas verquirlen. Die Enden der ganzen Mandeln zunächst in das Eiweiß, dann in den Zucker tauchen und in die Mitte der Schnitten in die noch weiche Kuvertüre drücken.

Fingerkolatschen

Zutaten für etwa 40 Stück

160 g Mehl
70 g Zucker
80 g gemahlene Mandeln
165 g kalte Butter
etwas Butter für das Backblech

ca. 125 g Himbeer- oder
    Hagebuttenmarmelade
50 g Puderzucker zum
    Bestauben

Zubereitungszeit: 1 Stunde 15 Minuten
               + 1 Stunde Ruhezeit für den Teig.

1. Das Mehl auf eine Arbeitsfläche sieben. In die Mitte eine Mulde drücken, den Zucker, die Mandeln und die Butter in Flöckchen hineingeben und von außen nach innen mit kalten Händen rasch einen glatten Teig kneten. Zugedeckt für 1 Stunde kühlstellen.

2. Den Backofen auf 180 °C vorheizen. Das Backblech einfetten oder mit Backpapier belegen.

3. Den Teig zu einer dünnen Rolle formen, in Scheiben schneiden und aus den Scheiben walnussgroße Kugeln formen. Diese nicht zu dicht nebeneinander auf das Backblech legen und in jede Kugel eine Vertiefung drücken.

4. Die Kolatschen auf der mittleren Schiene des Backofens in etwa 10 Minuten hellbraun backen. Herausnehmen und die noch heißen Plätzchen jeweils mit einem halben Teelöffel Marmelade füllen und mit dem Puderzucker besieben.

Kolatschen   ist im Böhmischen die Bezeichnung für verschiedenste Gebäckarten.

Linzer Kranzerl

Zutaten für etwa 50 Stück

4 Eier
120 g Puderzucker
200 g weiche Butter
2 Päckchen Vanillezucker
1 Prise Salz

300 g Mehl
1 Eigelb
120 g gestiftelte Mandeln
100 g Johannisbeergelee

Zubereitungszeit: 1 Stunde
+ 1 Stunde Ruhezeit für den Teig.

1. Die Eier hartkochen, abschrecken und pellen. Die Eigelbe durch ein Haarsieb drücken und mit dem Puderzucker und der Butter cremig rühren. Den Vanillezucker, das Salz und das Mehl hinzufügen und gut verkneten. Den Teig 1 Stunde ruhen lassen.

2. Ein Backblech mit Backpapier auslegen. Den Teig etwa 4 Millimeter dick ausrollen und 6 Zentimeter große Ringe ausstechen.

3. Den Backofen auf 200 °C vorheizen. Das Eigelb verquirlen und die Teigringe damit einseitig bestreichen, dann in die gestiftelten Mandeln drücken und mit den Mandeln nach oben auf das Backblech legen. Auf der mittleren Schiebeleiste des Backofens in etwa 10 bis 15 Minuten goldgelb backen.

4. Die glatte Seite der Plätzchen mit dem verrührten Johannisbeergelee bestreichen und je zwei Ringe zusammensetzen.

Deutsch-österreichisches Küchenlexikon

Österreichische Begriffe	*Deutsche Begriffe*	*Österreichische Begriffe*	*Deutsche Begriffe*
Baumnuss	Walnuss	Knödel	Kloß
Beiried	Roastbeef, Rückenfilet	Kohl	Wirsing
		Kohlsprossen	Rosenkohl
Biskotten	Löffelbiskuits	Kren	Meerrettich
Blaukraut	Rotkohl	Kukuruz	Mais
Beuschel	Lunge	**L**ungenbraten	Filet
Blunze	Blutwurst		
Dampfl	Hefevorteig	**M**arille	Aprikose
Eidotter	Eigelb	Melanzane	Aubergine
Eierschwammerl	Pfifferling	**O**bers	Sahne
Eiklar	Eiweiß	**P**alatschinken	Pfannkuchen
Einbrenn	Mehlschwitze	Paradeiser	Tomate
Erdapfel	Kartoffel	Pörkölt	Ragout, Gulasch
Faschiertes Laibchen	Frikadelle, Fleischpflanzl, Bulette	Powidl	Pflaumenmus
		Rahm	Saure Sahne
		Reindl	Kasserolle, Reine
Fisole	Grüne Bohne	Ribisel	Johannisbeere
Fogos	Zander	Rollgerste	Graupen
Gelbe Rübe	Möhre	**S**chöpsernes	Hammelfleisch
Germ	Hefe	Schwammerl	Pilz
Geselchtes	Geräuchertes	Selchkarree	Kassler
Grammeln	Grieben	Semmelbrösel	Paniermehl
Graukäse	Sauermilchkäse, ähnlich dem Harzer Käse	Staubzucker	Puderzucker
		Topfen	Quark
		Vogerlsalat	Feldsalat
Häuptlsalat	Kopfsalat	**W**eichsel	Sauerkirsche
Karfiol	Blumenkohl	Wurzelwerk	Suppengrün
Kernfett	Rindertalg, Rindernierenfett	**Z**eller	Sellerie
		Zibebe	Große Rosine
Kipferl	Hörnchen		
Kletze	Dörrbirne		

143

2007	Januar	Februar	März	April	Mai	Juni	Juli	August	September	Oktober	November	Dezember
1		06.16		16.44	11.42				06.36		05.49	
2	16.15		22.33			16.10	06.25	21.44		17.58		
3	22.15	15.35		05.37	23.49				08.31		13.46	07.02
4						00.16	11.53	00.17	12.09	23.28		
5		03.16	10.26	17.58	10.22						00.48	19.32
6	07.19					06.25	15.58	03.02	18.00	08.04		
7		16.11	23.18	04.37	18.49			06.37		18.59	13.19	08.12
8	19.16					10.27	18.55					
9			11.38					11.43	02.11		02.00	19.52
10		04.02		12.24	00.33	12.30	21.11			07.14		
11			21.36					19.04	12.32		14.02	
12	08.09	12.43		16.40	03.20	13.25	23.40			19.59		06.02
13								19.04				
14	19.12	17.36	03.53	17.48	03.49	14.46	03.44		13.22		00.31	14.16
15								05.05		08.04		
16		19.31	06.31	17.12	03.35	18.26	10.40		00.38		08.16	19.54
17	02.50							17.14		17.53		
18		20.07	06.43	16.52	04.39	01.47	20.54		13.22		12.25	22.39
19	07.17									00.03		
20		21.04	06.16	18.51	08.58	12.45		05.45	00.53		13.20	23.15
21	09.49						09.19	16.21	09.19	02.25		
22			07.07		17.27	01.28					12.30	23.19
23	11.53	23.43		00.39			21.31	23.36	13.56	02.08		
24	14.30		10.50	10.25	05.17	13.25			15.24		12.08	00.53
25					18.12		23.36			01.12		
26		04.49		22.46		23.06		03.35	15.18		14.24	05.45
27	18.11		18.05				07.22			01.51		
28		12.31						05.26	15.35		20.45	14.38
29	23.17		04.28				14.15					
30												
31					06.08		18.42					

4. März: Totale Mondfinsternis 00.21 (♋); 19. März: Partielle Sonnenfinsternis 03.32 (♓);
28. August: Totale Mondfinsternis 11.37 (♓); 11. September: Partielle Sonnenfinsternis 13.31 (♋)

2008	Januar	Februar	März	April	Mai	Juni	Juli	August	September	Oktober	November	Dezember
1			19.34						12.46	05.27		
2	02.33			21.56	11.52	23.07	08.54	22.00			12.14	07.46
3		10.53	05.26		12.59	22.17	09.16	03.29	21.03	16.15		
4	15.14	20.11		01.28					08.12		01.03	19.24
5			11.54		12.18	23.01	12.05	12.27		04.50		
6	02.44			02.21					20.46		11.44	03.45
7		02.47	15.24		12.03		18.32	00.11		17.04		
8		07.18		02.28		03.02			08.21		18.27	07.53
9	12.14		17.15		14.11			12.43		02.32	21.06	
10	19.45	10.35		03.44		10.56	04.36		17.06			08.34
11			18.55		19.49			23.57		08.08	21.12	07.41
12				07.30		21.54	16.51		22.40			
13		13.20	21.39							10.32	20.53	07.24
14	01.24			14.08	04.47			08.47	01.58			
15		16.13	16.46			10.21	05.21			11.26	22.09	09.57
16	05.14			23.11	16.00			15.11	04.18			
17		19.52				22.53	16.41			12.41	02.14	
18	07.31		02.05		04.20			19.39	06.50			15.24
19	09.06	19.07				10.35	02.09			15.36	09.21	
20			08.26	10.01	16.56			22.49	10.15			00.38
21		01.07				20.33	09.23			20.41	18.55	
22	11.21		03.07	22.08	04.53			01.20	14.53			12.14
23		08.46				03.50	14.15			03.49	06.15	
24	15.49		15.12	10.48	14.40			03.52	21.07			00.57
25						07.51	16.56			12.48	18.49	
26	23.36		03.44	22.28	20.54			07.19				13.44
27		07.23			23.20	09.04	18.13			23.42		
28			14.35	07.12			19.23					
29	10.36											
30												
31	23.09											

7. Februar: Ringförmige Sonnenfinsternis 04.55 ( ); 21. Februar: Totale Mondfinsternis 04.26 ( );
1. August: Totale Sonnenfinsternis 11.21 ( ); 16. August: Partielle Mondfinsternis 22.10 ( ).

145

2009	Januar	Februar	März	April	Mai	Juni	Juli	August	September	Oktober	November	Dezember
1	01.28	23.10	04.34	17.31	01.57	16.18	05.20		04.44	00.27		15.24
2	10.51		09.00	20.34	05.38	23.45	15.12	09.09	16.59	10.22	01.46	17.02
3												
4	16.47	03.16	12.08		10.52			22.09		17.34	05.54	18.08
5		05.07		00.02			03.09		03.15			
6	19.13		14.25		17.49	09.25		10.35		22.48	08.44	20.07
7	19.15	05.44		04.23			16.04		11.19			
8			16.35			21.01					11.24	
9	18.42	06.39						21.24				23.48
10	19.34			10.24	14.10	09.54	04.45		17.18	02.49	14.31	
11		09.34	19.47									05.33
12				19.02	02.50	22.33		05.51	21.21	06.04	18.23	
13	23.31	15.52					15.41					13.26
14				06.28	03.02			11.27	23.40	08.46	23.25	
15	07.21		10.23				23.31					
16				19.20	15.18	08.53		14.14	11.31	11.31	06.23	23.33
17	07.19	01.54										
18			22.20	06.56	00.31	15.21	03.42	14.58	00.57	15.24	16.02	11.40
19	18.31	14.26										
20				15.10	05.41	18.01	04.52	15.01	02.27	21.50		
21			11.08									
22	07.19		22.09	19.47	07.35	18.13	04.29	16.13	05.53		04.12	00.43
23		03.07										
24	19.58	14.01		22.03	07.59	17.51	04.24	20.17	12.44	07.40	17.09	12.41
25			01.24									
26	07.13	22.25	06.04	23.39	08.45	18.48	06.27		23.20	20.09	04.12	21.27
27								04.17				
28			11.10		11.19	22.26	11.57		12.08	08.46		
29	16.26							15.45			11.35	02.14
30			14.37				21.11			18.58		
31												03.46

26. Januar: Ringförmige Sonnenfinsternis 08.59 (☊); 9. Februar: Halbschatten-Mondfinsternis 15.38 (☋);
7. Juli: Halbschatten-Mondfinsternis 10.39 (☋); 22. Juli: Totale Sonnenfinsternis 03.35 (☊);
6. August: Halbschatten-Mondfinsternis 01.39 (☊); 31. Dezember: Partielle Mondfinsternis 20.23 (☋)

2010	Januar	Februar	März	April	Mai	Juni	Juli	August	September	Oktober	November	Dezember
1						06.09	02.11		01.20		04.52	
2	03.42	14.43	01.32	17.54	11.01			09.14		19.22		15.45
3						18.35	14.45		07.52	21.01	06.20	19.00
4	03.54	17.57	03.12		21.53			17.55				
5	05.59		02.08			06.51	01.30	22.51	10.46	20.53	07.17	00.17
6		01.05	08.37	13.52	10.35				10.54	20.53	09.29	
7	11.01					16.42	08.52	00.24	10.02			08.32
8		11.45	18.14		22.30						14.38	
9	19.11			02.49		23.12	12.39	00.02	10.22	23.10	23.33	19.42
10		00.25	06.43	14.32	07.49			23.44				
11						02.51	13.54		13.53	05.18		
12	05.55		19.45	23.56	14.19		14.16				11.25	08.16
13		13.24				04.55		01.27	21.31	15.25		
14	18.18						15.25					19.50
15			07.33		18.47							
16		01.31	07.17	07.09		06.42	18.43	06.35	08.36		00.00	
17			17.30	19.25	22.07					03.53		
18	07.18					09.14		15.18			11.05	04.38
19	19.37	11.56	12.40	21.18	00.59		20.39		21.16	16.24		
20						13.15			21.18			10.23
21		19.48	01.29	16.43			00.50	02.38	09.48		19.47	
22						03.22	09.40			03.31		13.52
23	05.41		07.17	19.25	03.51	19.11		15.12			02.15	
24		00.30	10.40	21.18	07.18		20.39		21.18	12.49		16.15
25	12.12	11.56									07.02	
26		02.09	11.58	23.30	12.17	13.53	09.01	03.50	07.12	20.15		18.39
27	15.02										10.35	
28		01.53	12.22		19.45		21.43	15.36	14.47	01.40	13.16	21.51
29	15.11			03.37		13.16						
30			13.42									
31	14.24											

15. Januar: Ringförmige Sonnenfinsternis 08.07; 26. Juni: Partielle Mondfinsternis 12.39;
11. Juli: Totale Sonnenfinsternis 20.34; 21. Dezember: Totale Mondfinsternis 09.17

2011	Januar	Februar	März	April	Mai	Juni	Juli	August	September	Oktober	November	Dezember
1	02.22	00.22	06.15			00.57		09.43	19.49	05.43	23.09	15.46
2	08.40		17.48	12.17	06.59	09.37	22.44	11.05	22.05			
3		11.25			18.10					09.17	08.19	02.52
4	17.09			00.47		16.04	02.16	12.58	03.05	16.19		15.36
5		23.47	06.15		03.33	20.34	04.55	16.22			20.03	
6	03.58		18.53	12.23	10.36	23.32	07.32	21.39	10.43	02.14		03.53
7	16.25	12.24		22.03						13.58	08.46	
8					15.00		10.48		20.27		21.11	14.27
9		23.22		04.38	16.58	01.34	15.15	04.49	07.50	02.36		22.49
10	04.38		15.31	07.41	17.33	03.39	21.31	13.55	20.26	15.16	08.20	
11	14.24	06.50	20.34	08.00		07.00						05.00
12	20.30	10.15	21.54	07.20	18.24	12.48	06.14	01.03	09.07	17.18	17.18	09.07
13	23.17	10.40	21.04	07.51	21.17	21.46	17.26	13.37		02.39	23.20	11.34
14		10.02	20.18	11.25					19.55	11.07		
15	00.11	10.30	21.46		03.33	09.25	05.59	01.54			02.17	13.04
16	01.00			19.00	13.25	21.54	17.35	11.32	02.56	15.42	02.59	14.48
17	03.17	13.47	02.58						05.50	16.50	02.58	
18	07.56	20.33	12.01	05.59	01.37	08.57	02.13	17.10	05.52	16.09	04.06	18.15
19	15.05		23.39	18.34	14.03	17.14	07.17	19.14	05.06		08.03	00.46
20								19.26		15.46		10.49

4. Januar: Partielle Sonnenfinsternis 09.51; 1. Juni: Partielle Sonnenfinsternis 22.16;
15. Juni: Totale Mondfinsternis 21.13; 1. Juli: Partielle Sonnenfinsternis 09.39;
25. November: Partielle Sonnenfinsternis 07.20; 10. Dezember: Totale Mondfinsternis 15.32.

2012	Januar	Februar	März	April	Mai	Juni	Juli	August	September	Oktober	November	Dezember
1		20.16		09.37	00.03	13.32		10.57	06.38			
2	23.17		16.09							00.27		02.58
3		07.05		14.54	03.05	13.33	23.52	14.59	16.42		08.44	
4										12.48		12.53
5	11.45	14.25	00.19	16.33	03.21	13.32	05.30	22.00	05.11		20.40	
6	22.06	18.33	04.28	16.19	02.40	15.18	13.15		17.50	01.46	05.36	19.36
7												
8			05.51	16.13	03.01	20.23	00.32	08.29		12.56	10.36	22.52
9												
10	05.36	20.55		18.05	06.04	05.22	13.28	21.12	04.02	20.25	12.11	23.23
11	10.45	23.02	06.25								11.53	
12			07.55	22.49	12.43	17.23	01.32	09.29	10.32	00.03		22.44
13												
14	14.29	01.57	11.25	06.39	22.47	18.35	11.14	19.06	13.56	01.07	11.37	22.54
15		18.32										
16	17.35		10.58	05.06	00.06	06.25	18.25	01.34	15.47	01.27	13.11	01.49
17	20.30	06.04	17.13									
18		11.29		17.00	11.04	04.48	23.39	05.46	17.35	02.42	17.56	
19												
20	23.41		22.44	18.06		12.44		08.55	20.22	06.03	02.13	08.44
21					07.07	21.33						
22							18.25	11.51		12.01	13.19	19.26
23	03.54	15.31										
24		03.49	01.06	06.43	12.32	18.16	03.30	15.00	06.25	20.32	01.59	08.14
25	10.12											
26												
27	19.29		11.44	17.12	23.12	21.33	06.19	18.39	14.15	07.16	14.56	21.08
28												
29		04.28				23.05	08.30	23.32		19.41		08.46
30	07.29		00.08		11.47							
31												

21. Mai: Ringförmige Sonnenfinsternis 00.53; 4. Juni: Partielle Mondfinsternis 12.03;
13. November: Totale Sonnenfinsternis 23.12; 28. November: Halbschatten-Mondfinsternis 15.33

2013	Januar	Februar	März	April	Mai	Juni	Juli	August	September	Oktober	November	Dezember
1	18.36		18.35		15.21		22.44		01.02	19.53		07.32
2		13.03		06.36		07.34		05.31			18.36	
3	02.12		22.12		19.26				11.45	04.01	21.15	07.51
4		16.46		09.43		16.55	10.23	17.59				07.54
5			01.15		02.04				20.14	09.34	22.45	
6	07.10	18.56		14.01			23.15	04.58		13.23		09.35
7			04.03		11.10	04.33			02.45		00.31	
8	09.29	20.18	07.20	20.03			11.49	14.09		16.18	03.37	14.07
9	09.55				22.22	17.17			07.37			
10	10.02	22.21		04.23			23.13	21.19		19.01	08.40	21.41
11						05.59			10.57			
12	11.50	02.52	12.18	15.14	10.58		23.13			22.07		
13									13.06		15.50	
14	17.08	11.09	20.09		23.29	17.27	08.42	02.05				07.42
15				03.50			15.25		14.59			19.18
16			07.10	16.15		02.20		04.26		02.19	01.08	
17		22.51			18.08		18.55		17.59			07.49
18	02.37		19.56		21.56	07.40	19.40	05.08		08.28	12.24	
19				02.10		09.32		05.44	23.34			20.20
20	15.05	11.46		08.26	22.50	09.09	19.08			17.15	00.58	
21		23.13	07.51					08.14	08.35			07.18
22			16.50	11.26	22.29	08.28	19.23		20.26	04.37	13.12	14.59
23	04.01	07.54					22.30	14.14		17.13	23.01	
24	15.21		22.33	12.33	22.49	09.33		00.09	08.58	04.46		18.38
25		14.03	01.55			14.08	05.44	12.34		13.23	05.04	19.02
26	00.28			13.22	01.31		16.43					
27	07.37		04.14									

25. April: Partielle Mondfinsternis 21.08; 10. Mai: Ringförmige Sonnenfinsternis 01.25;
25. Mai: Halbschatten-Mondfinsternis 05.10; 19. Oktober: Halbschatten-Mondfinsternis 00.50;
3. November: Ringförmige totale Sonnenfinsternis 13.47

2014	Januar	Februar	März	April	Mai	Juni	Juli	August	September	Oktober	November	Dezember
1		04.46		06.21			22.25		18.18	05.42	17.38	02.15
2	18.04	05.56	16.41		07.14	02.44		03.58	23.16	09.01	19.54	06.16
3	17.59		20.13	12.49		15.21	10.44					11.29
4		10.48		22.41	18.57		20.35	11.20		10.25	22.34	18.35
5	20.46		03.38			03.02		14.40	01.00	11.08	02.46	
6		19.45	14.34	10.51		11.39	02.26	14.53	00.48	12.45	09.39	04.15
7				23.09	07.25				00.34	16.52	19.45	16.20
8	03.25	07.34			18.20	16.24	04.26	13.56	02.18			
9			03.10	09.34	02.08	18.06	04.08	14.01	07.27	00.31	08.09	05.06
10		20.16			06.45		03.41	16.59	16.25	11.30		15.53
11	13.27		15.19	17.21	09.13	18.28	05.08		23.42		20.31	22.56
12	01.26	08.27		22.45	10.59	19.27	09.44	23.42	04.11	00.09	06.32	
13	14.02	19.24	01.47		13.19	22.27	17.37	09.46	16.55	12.13	13.20	02.26
14				02.29		04.04		21.50		22.11	17.33	03.53
15	02.24	04.34	10.14	05.19		12.07	04.00	10.34	05.00		20.24	05.08
16		11.13		07.56	17.02	22.07	15.56	22.55	15.30	05.41		07.36
17	13.44	14.51	16.40	11.02	22.29	09.44	04.38		23.51	11.04	23.04	11.57
18	22.45	15.57	21.04					09.54		14.53		
19	04.14	15.54	23.40	15.24	05.49		17.10					
20	06.05			21.57	15.14							
21	05.34		02.55									

15. April: Totale Mondfinsternis 08.46; 29. April: Ringförmige Sonnenfinsternis 07.04; 8. Oktober: Totale Mondfinsternis 11.55; 23. Oktober: Partielle Sonnenfinsternis 22.45.

2015	Januar	Februar	März	April	Mai	Juni	Juli	August	September	Oktober	November	Dezember
1	18.10					19.40	10.12	23.37		21.05		
2		18.42	00.35				13.22		10.03		16.49	11.10
3			12.59	08.09	02.48			00.25	12.49	01.23		23.35
4	02.09	06.47		20.05		01.52	15.24			09.32	03.24	
5	12.04				12.14	06.03	17.39	02.30	18.41			12.27
6		19.45	01.53	06.09	19.17	09.17				20.52	16.15	23.26
7	23.59		14.11				20.51	06.41	03.37			
8					00.23	12.15		13.09	14.57	09.47	05.04	07.48
9		08.06		13.48	03.54	15.17	01.17	21.53			16.15	
10	12.58		00.31	18.45			07.15		22.39			14.00
11		17.48		21.13	06.15	18.52		08.47	03.42		01.22	
12			07.41			23.52	16.16			10.19		18.46
13		23.25	11.15	22.01	08.03			21.24	16.44			
14	00.45					07.24	01.48			19.53	08.25	
15	09.02	00.14	11.59	22.32	10.28			10.25	04.33		13.23	22.27
16		01.14			14.57	18.00	14.24		13.34	02.39	16.13	
17	13.05	00.49	11.29	00.29	22.43			21.42	18.52		17.27	01.14
18	14.00	00.14		05.27		06.42	03.08	05.23	20.45	06.19	18.16	03.32
19	13.49	01.29		14.14	09.53	18.58	13.26	09.05	20.30	07.23	20.28	06.28
20	14.32	05.55	14.24		22.43		19.49			07.08		11.32
21	17.38	13.51	20.46	02.08		04.22	22.41	09.52	19.58	07.25	20.28	19.59
22	23.37		06.49	15.04	10.35			09.34	19.58	07.25	01.48	
23										10.10		
24			19.13									

20. März: Totale Sonnenfinsternis 10.46; 4. April: Partielle Mondfinsternis 13.00;
13. September: Partielle Sonnenfinsternis 07.54; 28. September: Totale Mondfinsternis 03.47.

2016	Januar	Februar	März	April	Mai	Juni	Juli	August	September	Oktober	November	Dezember
1	07.42		00.57		15.35		12.45				15.44	09.53
2		16.51		02.38		03.48		02.13	01.57	20.44		20.45
3	20.37	11.03		06.47	18.05	04.02	14.21	08.35			04.06	
4			17.23	07.47	18.11		17.29	17.58	13.40	09.27		05.32
5		01.45				04.42	23.42			21.41	14.56	
6	07.57		20.10	07.47	17.36	07.48			02.21			11.17
7		07.00		07.12				05.53			22.46	
8	16.08		20.41	07.00	18.25	14.47	09.33		13.56	07.34		13.42
9		08.32					21.53	18.25		13.44	03.25	13.42
10	21.24	10.56	20.45	00.24	22.33				22.30		02.46	
11												
12		12.37	22.05	09.08		01.34	10.15	05.12	03.24			13.10
13	00.55			14.54	06.53	14.19				16.09		
14		15.36										14.16
15	03.49		01.58		18.34	02.35	20.34	12.53	05.23	16.05	02.24	
16											01.58	
17	06.49	20.25		00.56				17.35		15.31		18.53
18			08.55		07.31	12.56	04.11		05.59		04.16	
19	10.14			09.48		21.10	09.36	20.20		16.29		
20		03.18	18.40		19.49				06.54		10.35	03.41
21	14.29							22.20		20.35		
22	20.22	12.25		01.19					09.34		20.43	15.34
23			06.24			03.32	13.34					
24		23.43		13.47	15.28			00.41	14.49	04.17	09.03	04.20
25			19.10			08.09	16.39					
26	04.47	12.27		06.35				04.07				16.13
27					22.07	11.04	19.18		22.44	14.52	21.47	
28	16.00		07.47					09.13				
29				09.48								
30			18.46				22.10		08.53	03.02		
31	04.51				02.10			16.23				02.30

9. März: Totale Sonnenfinsternis 02.57; 23. März: Halbschatten-Mondfinsternis 12.47;
1. September: Ringförmige Sonnenfinsternis 10.07;
16. September: Halbschatten-Mondfinsternis 19.54

2017	Januar	Februar	März	April	Mai	Juni	Juli	August	September	Oktober	November	Dezember
1							18.00	13.02			07.44	
2	10.58		08.44	19.28	05.13	01.05			21.07	15.27		22.22
3		02.51	11.07	23.14	10.48			01.38		21.41	10.47	21.38
4	17.21					11.47	06.09		06.29		11.27	21.38
5	21.19	05.45	13.55		19.21			13.17				
6		08.04		05.21		00.00	18.46		13.02	00.57	11.46	
7	23.07		17.47	13.35				22.57				00.10
8		10.42	23.08		06.02	12.37	06.36		17.24	02.46	13.30	06.02
9	23.50	14.53		23.43	18.01			06.23	20.30	04.39	17.42	
10			06.29				16.52		23.13	07.42		15.00
11	01.09	21.44	16.12	11.28	06.39	00.46		11.41			00.27	
12						11.19	00.53	15.07	02.10	12.20	09.20	02.08
13	04.53	07.42		00.06	18.51					18.36		
14						18.56	06.05	17.14	05.53		20.00	14.35
15	12.17	19.53	04.01	11.53					11.07	02.42		
16	23.10		16.32		04.53	22.54	08.32	18.56			08.15	03.30
17		08.09		20.44		23.45	09.11	21.26	18.41	12.58		
18	11.46		11.08	01.34	11.12	23.08	09.35		05.02		21.15	15.43
19	23.44	18.18		02.57		23.08	11.33	02.06		01.13		
20			15.12	02.40	13.34	01.42		09.54	17.25	14.00	09.05	01.28
21	09.38	01.25	16.49	02.49	13.16	08.03	16.38	20.49			17.31	07.24
22		05.53			13.13				05.41	00.47	21.39	09.32
23	17.11				12.26		01.24	09.20				
24			17.41		17.17							
25	22.48											

11. Februar: Halbschatten-Mondfinsternis 01.44;

26. Februar: Ringförmige Sonnenfinsternis 15.54; 7. August: Partielle Mondfinsternis 19.21;

21. August: Totale Sonnenfinsternis 19.26

2018	Januar	Februar	März	April	Mai	Juni	Juli	August	September	Oktober	November	Dezember
1	09.11	20.14	06.59	23.58	16.21			11.56		19.02		15.50
2		22.48	09.22			23.07	18.32		09.03	22.13	06.49	20.56
3	08.24			07.56	03.07			20.52	13.05		10.02	
4			14.24									03.50
5	09.13			19.02	15.50	11.55	05.51	02.33	14.55	00.20	14.03	
6		04.58	23.04				13.52					13.03
7	13.16			07.51		22.27		05.02	15.30	02.11	20.01	
8	21.07	14.55			04.12		17.59					
9	21.07									05.10		
10			10.53			05.05		05.19	16.21		04.56	00.41
11		03.22		19.41	13.41		19.00			10.54		13.41
12	08.05		23.46			07.54		05.00	19.16		16.46	
13		16.13			19.16		18.32					
14	20.43			04.27		08.21		05.58		20.18		
15			11.13		21.44		18.32		01.46			
16		03.43		09.52		08.22		09.55			05.43	01.45
17	09.33		19.58		22.48		20.43		12.09	08.37		
18		13.06		13.03		09.42		17.46			16.57	10.38
19	21.28									21.22		
20		20.13	02.08	15.28	00.12	13.30	02.14	05.02	00.53		00.44	15.36
21						20.12	11.13		13.28			
22	07.28		06.31	18.10	03.04			17.57		07.59	05.12	17.29
23		01.09					22.50					
24	14.41		09.54	21.41	22.48					15.34		18.00
25		04.07			07.53	05.30			00.05		07.39	
26	18.41		12.46		14.41			06.33		20.42		18.51
27		05.43	15.31	02.14		16.53	11.42	17.36	08.17		09.36	21.24
28	19.59				23.20							
29				08.13					14.27	00.28	12.09	
30	19.54		18.53			05.38	00.29	02.31				
31					10.28					03.43		02.24

31. Januar: Totale Mondfinsternis 14.30; 15. Februar: Partielle Sonnenfinsternis 21.52;
13. Juli: Partielle Sonnenfinsternis 04.01; 27. Juli: Totale Mondfinsternis 21.22;
11. August: Partielle Sonnenfinsternis 10.46

2019	Januar	Februar	März	April	Mai	Juni	Juli	August	September	Oktober	November	Dezember
1		01.48		15.49	11.25				00.09		03.39	
2	10.00	14.04	20.07			12.49		14.22		12.45		
3				03.58	21.19		02.25	14.31	00.36		12.21	08.12
4	19.56	03.03			04.41	17.18	04.20			18.44		
5				14.07		20.17	05.26	16.33	04.09		00.09	20.46
6			09.12		10.08		07.08	21.36	11.38	17.06		
7	07.47		21.29	22.16		22.46					12.50	08.30
8		15.35		08.51			10.30		22.25	04.43		
9	20.45					01.30		05.51			00.19	17.48
10					14.15		16.06		10.53	05.47		
11	09.19	02.30		11.15		17.14		16.37			09.47	00.24
12				12.23	17.23		00.06			17.25		
13		16.22	16.49	13.42	19.52	05.04			23.34		17.16	04.57
14	19.32	15.04	22.50		22.27		10.20	04.51				
15						10.04			05.51	03.31	22.58	08.17
16									11.32			
17	02.01	16.22	01.58	17.00	17.14	17.14	10.20	17.34	11.32	03.31	02.56	08.17
18									20.31			
19	04.45	15.48	02.42	23.51	08.57	03.02	22.20	15.35	21.59	11.44	05.21	11.06
20			02.29	23.13	02.22	02.22						
21	04.56	15.18					11.03	22.06	05.51	17.30	06.59	13.58
22			03.17		18.50	15.03						
23	04.23	16.57					22.43		10.20	20.31	09.12	17.35
24			07.07									
25	05.04	22.21		10.28		03.39		00.55	11.38	21.21	13.34	22.46
26					07.09	14.33						
27	08.32	07.49	15.09		19.33		07.30	00.58	11.04	21.30	21.14	06.22
28						22.10	12.32					
29	15.34								10.43	23.00		
30			02.47				14.19					16.43
31					05.44							

6. Januar: Partielle Sonnenfinsternis 02.42 (☾); 21. Januar: Totale Mondfinsternis 06.12 (♃);
2. Juli: Totale Sonnenfinsternis 20.23 (☽); 16. Juli: Partielle Mondfinsternis 22.31 (☾);
26. Dezember: Ringförmige Sonnenfinsternis 06.18 (☾)

2020	Januar	Februar	März	April	Mai	Juni	Juli	August	September	Oktober	November	Dezember
1		01.29	20.22			17.07			10.35	03.48		
2	05.02	12.30		19.27	06.36		02.22	19.12	21.23	16.14	11.01	04.34
3	17.16		05.26	22.20	08.11	18.18	05.49				22.47	13.54
4		20.04		22.17	08.06	20.45	11.09	03.29	09.45	05.04		20.47
5		23.46	10.29	21.18	08.16			14.06	22.29	16.47	08.19	
6	03.12		11.48				19.14				14.31	01.02
7	09.44	00.40	11.04	21.36	10.40	01.55		02.29	09.24	01.26	17.11	03.00
8		00.38	10.29		16.40	10.33	06.07	14.47	16.34	05.57	17.20	03.40
9	13.17	01.38	12.10	01.06		22.04	18.35		19.38	06.55	16.48	04.36
10	15.08	05.08	17.26		02.26	10.37		00.37	19.57	06.07	17.36	07.28
11	16.44			08.38	14.37	22.01	06.20	06.40	19.57	05.44	21.26	13.40
12	19.22	11.38	02.17	19.31			15.25	09.21	19.34			
13	23.42	20.43					21.17	10.17	20.33	07.45	05.07	23.33
14			13.34	08.01	03.12	07.03	00.41	11.17			16.06	11.57
15	06.01	07.38		20.57	14.37	13.34	02.55	13.50	00.17	13.18		
16	14.22	01.59			00.10	18.06	05.13	18.38	07.09	22.19	16.35	00.34
17		19.48	14.38	08.21	07.34	21.18	08.26			09.46	17.17	11.29
18	00.45	08.31	02.39	18.29	12.41	23.49		01.38		22.20		19.59
19	12.52			02.07			12.59					
20			12.44		15.39							

10. Januar: Halbschatten-Mondfinsternis 20.10; 5. Juni: Halbschatten-Mondfinsternis 20.25;
21. Juni: Ringförmige Sonnenfinsternis 07.40; 5. Juli: Halbschatten-Mondfinsternis 05.30;
30. November: Halbschatten-Mondfinsternis 10.43; 14. Dezember: Totale Sonnenfinsternis 17.14

157

Impressum

Originalausgabe
© 2007 by Wilhelm Heyne Verlag, München

Der Wilhelm Heyne Verlag ist ein Verlag
der Verlagsgruppe Random House GmbH.
www.heyne.de

Wichtiger Hinweis	Das vorliegende Buch ist sorgfältig erarbeitet worden. Dennoch erfolgen alle Angaben ohne Gewähr. Weder die Autorin noch der Verlag können für eventuelle Schäden, die aus den im Buch gegebenen Hinweisen resultieren, eine Haftung übernehmen.
Bildnachweis	mauritius images, Mittenwald/Ludwig Mallaun: 8; Stockfood, München/Bodo A. Schieren: 70; Südwest Verlag München: 36 (TLC-Luis M. Bishops), 112 (Klaus Arras).
Redaktion	Nina Andres, Christoph Taschner
Bildredaktion	Christa Jaeger
Layout, Satz, DTP	Grafische Werkstatt H. Spika, Anzing
Umschlag	Lore Wildpanner, München (unter Verwendung eines Fotos von Stockfood, München/Eising)
Druck, Verarbeitung	Druckerei Uhl, Radolfzell

Printed in Germany
Gedruckt auf chlor- und säurearmem Papier.

ISBN 978-3-453-12114-0

Mit Helga Föger uraltes Mondwissen wieder entdecken und im Alltag nutzen

Die Kenntnis der lunaren Rhythmen und ihrer Wirkungen auf die belebte und unbe-lebte Natur erlaubt uns – am besten mit Hilfe eines guten Mondkalenders – den richtigen Zeitpunkt für erfolgreiches Handeln in vielen Lebensbereichen zu finden – im Garten, im Haushalt, bei der Berufsarbeit, aber auch bei der Gesundheitsvorsorge und in manchen Herzensangelegenheiten.

Heyne Ludwig
ISBN 978-3-453-12024-2

Besser genießen im Rhythmus der Natur – Tipps und Rezepte nach dem Mondkalender

Der Mond beeinflusst sowohl in seinen wechselnden Phasen als auch bei seiner Wanderung durch den Tierkreis Aufnahmefähigkeit und Wirkung der Nahrungsmittel in unserem Organismus. Wer diesen Rhythmus kennt, kann gesund genießen, manchmal sogar schlemmen, ohne um seine Figur fürchten zu müssen. Helga Föger, die Herausgeberin der beliebten Heyne/Ludwig-Mondkalender, erläutert diese Zusammenhänge und offeriert zugleich die besten Tipps und Rezepte für eine Schlankheitskur ganz im Einklang mit der Natur.

Heyne Ludwig
ISBN 978-3-453-12044-0